भारत शताब्दी की ओर

(बच्चों की मन की बात)

ज्योति पी०

क्रम-सूची

क्रम-सूची

क्रम-सूची

गुरु वंदन

गुरुर्ब्रह्मा गुरुर्विष्णु गुरुर्देवो महेश्वरा

गुरुर्साक्षात परब्रह्म तस्मै श्री गुरवे नमः

समर्पण

आज़ादी के 75वें वर्षगाँठ के अवसर पर जी॰ एच॰ एस॰ केरलापुरम की बच्चों और मेरी तरफ से यह पुस्तक भारत देश की आज़ादी के लिए अपना जीवन बलिदान दिए वीर सेनानियों के लिए समर्पित करती हूँ।

लेखिका के बारे में

Jyothy P. (HST Hindi)

कहते हैं बच्चे ही हमारे आने वाले कल के भविष्य हैं। एक अध्यापक या अध्यापिका होने के नाते हमारा कर्तव्य है कि बच्चों को अच्छी शिक्षा देने के साथ साथ उनके मन के विचारों को भी जाना जायें।

ऐसे में जब भारत अपने स्वतंत्रता का 75वां अमृत महोत्सव मना रहा है तब हमारे विद्यालय में भी इसकी तैयारी हो रही थी और एक दिन ऐसे ही कक्षा में उपस्थित बच्चों से भारत के आगे के भविष्य के बारे में चर्चा होने लगी।

कुछ दिन तो मैं ऐसे ही बच्चों के मन की बातों को सुन रही थी, फिर

अचानक एक दिन मन में आया कि क्यों न इन समस्त बातों को लिखा जाए और एक पुस्तक का रूप दे दिया जाए, ताकि स्कूल के सभी बच्चे, उनके घर वाले, अध्यापक- अध्यापिकाएं एवं प्रशासन तक बच्चों की ये "मन की बात" पहुँच जाएँ।

बच्चे अपने-अपने मन की बातें बताने लगें और मैं उनकी बातों को लिखने लगी, क्योंकि भारत अब अपनी स्वतंत्रता के शताब्दी की ओर चल पड़ा है। आज के हमारे बच्चों को किन किन क्षेत्र में रूचि है और वो भारत में किन किन क्षेत्र में क्या क्या बदलाव देखना चाहते हैं, यही इस पुस्तक का विषय है।

आज़ादी के 75 वर्ष पूरे होने के साथ ही देश के 76वें स्वतंत्रता दिवस के अवसर पर 'जी० एच० एस० केरलापुरम, केरल' के बच्चों तथा मेरे तरफ से यह पुस्तक भारत की आज़ादी के लिए अपने जीवन का बलिदान देने वाले समस्त वीर सेनानियों को समर्पित करती हूँ।

1

राष्ट्रीय एकता और अखंडता

भारत एक विविध धर्मों वाला देश है जिसकी विशेषता उसकी विभिन्न धार्मिक प्रथाएं और विश्वास है। भारत की इस आध्यात्मिक भूमि ने कई धर्मों को जन्म दिया है, जैसे हिंदू धर्म, सिख धर्म, जैन धर्म और बौद्ध धर्म। यह धर्म मिलकर उपसमूह बनाते हैं जिन्हें पूर्वी धर्मों के रुप में जाना जाता है।दसवीं कक्षा की श्रेया के अनुसार भारत के लोगों को धर्मों पर बहुत ज्यादा विश्वास है और वो मानते हैं कि यह उनके जीवन को एक अर्थ और उद्देश्य देते हैं। यहां पर धर्म सिर्फ मान्यताओं तक ही सीमित नहीं हैं बल्कि इनमें नैतिकता, रिवाज़, संस्कार, जीवन दर्शन के अलावा और भी बहुत कुछ है। आज के समय में भारत में विविध धर्मों का पालन किया जाता है।भारत की आबादी का ज्यादातर हिस्सा हिंदू धर्म का पालन करता है जो इस देश का सबसे प्राचीन धर्म है।

सन् 2011 की जनगणना के अनुसार भारत की 13 प्रतिशत आबादी मुस्लिम है। यह देश का दूसरा सबसे बड़ा धर्म है और इसका पालन करने वालों को मुसलमान कहा जाता है। यह उप वर्गों में बंटा है जिनमें सबसे प्रसिद्ध शिया और सुन्नी हैं। मुस्लिमों की पवित्र पुस्तक कुरान है और

ये पैगंबर मोहम्मद की शिक्षाओं का पालन करते हैं। इस्लाम में मक्का में की जाने वाली सालाना तीर्थयात्रा हज है जो शारीरिक और आर्थिक रुप से सक्षम हर मुस्लिम को जीवन में एक बार करनी होती है। भारत में मनाए जाने वाले प्रमुख इस्लामी त्यौहारों में ईद-उल-फितर, ईद-उल-जुहा और मुहर्रम हैं।गुरु नानक ने 15 वीं सदी में पंजाब क्षेत्र में सिख धर्म की स्थापना की थी। सिखों की पवित्र किताब गुरु ग्रंथ साहिब है। भारत में ज्यादातर सिख पंजाब में रहते हैं और इनके समुदाय बड़ी संख्या में पड़ोसी राज्यों में रहते हैं।

दसवीं कक्षा की अरफ़ा मुनीर भारत के अन्य धर्मों के सम्बन्ध में कहती है कि भारत में बौद्ध धर्म की स्थापना सिद्धार्थ गौतम ने की थी जिन्हें 'बुद्ध भी कहा जाता है माना जाता है कि जैन धर्म भारत में 7-5वीं सदी के बीच शुरु हुआ और इसकी स्थापना महावीर ने की थी।इस धर्म के अनुयायी पांच प्रतिज्ञाएं करते हैं जिनमें अहिंसा, सत्य, अस्तेय, ब्रह्मचर्य और अपरिग्रह शामिल हैं। महावीर जयंत, दीपावली और मौन अगियारा जैन धर्म के कुछ त्यौहार हैं।प्राचीन भारत से आधुनिक भारत तक के इतिहास में धर्म और संस्कृति का महत्त्वपूर्ण स्थान रहा है. भारत एक ऐसा देश हैं जहाँ विभिन्न धर्म स्थापित हैं। सभी धर्मों की अपनी अलग-अलग विशेषताएँ और विभिन्न धार्मिक प्रथाएँ हैं। देव भूमि भारत में कई धर्मों का जन्म हुआ हैं। भारत भूमि में चार महत्वपूर्ण धर्मों हिन्दू, सिक्ख, जैन और बौद्ध का जन्म हुआ है। इन्ही धर्मों को पूर्वी धर्मों के रूप में जाना जाता हैं।

भारत में धर्म के अनुसरण को अधिक महत्व दिया जाता हैं।क्योंकि धर्म सिर्फ मान्यताओं और रीती-रिवाजों तक ही सीमित नहीं हैं. अपितु भारत में धर्म संस्कार, जीवन दर्शन और जीवन जीने की कला हैं. भारत एक धर्मनिरपेक्ष गणतंत्र हैं. जिसके अनुसार भारत के प्रत्येक नागरिक को अपनी धार्मिक स्वतंत्रता का अधिकार प्राप्त हैं.ईसाई आबादी पूरे देश में पाई जाती है, लेकिन ज्यादातर दक्षिण भारत, पूर्वोत्तर और कोंकण तट के इलाकों में रहती है। ईसाई लोग ईसा मसीह में विश्वास रखते हैं और

उन्हीं की पूजा करते हैं। उन्हें वे मानवता का रक्षक और परमेश्वर का पुत्र मानते हैं। ईसाइसों का मुख्य त्यौहार क्रिसमस है।यहूदी और पारसी धर्म के लोग भी देश में बहुत कम संख्या में हैं। यहूदी धर्म के अनुसार भगवान और यहूदियों के बीच में एक पवित्र रिश्ता है। भारत में विभिन्न धर्मों का पालन होता है पर इस देश की धर्मनिरपेक्षता और संप्रभुता बरकरार है। वास्तव में ये सभी धर्म मिलकर देश में सद्भाव, संस्कृति, इतिहास और शांति बनाए रखने में महत्वपूर्ण भूमिका निभाते हैं।

प्रेरक उद्धरण

"एक बेहतरीन किताब 100 अच्छे दोस्त के बराबर है, लेकिन एक सर्वश्रेष्ठ दोस्त एक पुस्तकालय के बराबर है।"

ए0 पी0 जे0 अब्दुल कलाम (APJ Abdul Kalam)

2

कृषि प्रधान देश

भारत संरचनात्मक दृष्टि से गांवो का देश है और सभी ग्रामीण समुदायों में अधिक मात्रा में कृषि कार्य किया जाता है । इसीलिए भारत को भारत कृषि प्रधान देश की संज्ञा भी मिली हुई है। लगभग 70% भारतीय लोग किसान हैं। वे भारत देश के रीढ़ की हड्डी के समान है। वह देशभर को अन्न, फल, साग, सब्जी आदि दे रहा है लेकिन आकाश का कहना है बदले में उसे उसका पारिश्रमिक तक नहीं मिल पा रहा है । प्राचीन काल से लेकर अब तक किसान का जीवन अभावों में ही गुजरा है । किसान मेहनती होने के साथ-साथ सादा जीवन व्यतीत करने वाला होता है। 'किसान' कठोर परिश्रम, त्याग और तपस्वी जीवन का दूसरा नाम है। किसान का जीवन कर्मयोगी की भाँति मिट्टी से सोना उत्पन्न करने की साधना में लीन रहते है। वीतराग संन्यासी की भाँति उसका जीवन परम संतोषी है। तपती धुप, कंडकती सर्दी और घनघोर वर्षा में तपस्वी की भाँति वह अपनी साधना में अडिग रहते है। सभी ऋतुएँ उसके सामने हँसती-खेलती निकल जाती हैं और वह उनका आनंद लेते है। यह उनकी जीवन की विशेषता है।आज भारतीय किसान का जीवन संक्रमण काल से गुजर रहा है। एक ओर वह शिक्षित हो गया है, खेती के लिए नये उपकरणों और सघन खेती करने के साधनों का प्रयोग करता है। जिससे आर्थिक सम्पन्नता की ओर आगे है।

भारत एक कृषि प्रधान देश है। यहां की ज्यादातर आबादी कृषि पर निर्भर करती है। गांव में ज्यादातर लोगों का रहना होता है इसलिए ये लोग कृषि से ही अपना जीवन चलाते हैं।लेकिन इसके बावजूद भी हमारे देश के किसानों की स्थिति अच्छी नहीं है। इन किसानों की बहुत सारे कठिनाइयों का सामना करना पड़ता है। उनके उतने मेहनत के बावजूद भी उन्हें उनके मेहनत के तुलना में कम मुनाफा होता है।कृषि करने में जितना खर्च आता है, कई बार किसानों को वो भी वापस नहीं मिल पाता है जिसके कारण उन्हें कर्ज लेना पड़ता है। प्राकृतिक आपदा आने से जब उनका फसल बर्बाद हो जाता है तब वह कर्ज में और डूबते चले जाते हैं।अगर अनाज हो भी जाता है तब भी उन्हें उचित मूल्य नहीं मिल पाता है जिसके कारण उन्हें कम कीमतों में अपने अनाज को बेचना पड़ता है। सरकार द्वारा अनाज के मूल्य निर्धारित किए गए हैं लेकिन सभी किसानों को इसका लाभ नहीं मिल पाता है। भारत में किसान हर समय खेतीवाड़ी में व्यस्त रहते है और वह साधारण कपड़े पहनना ज्यादा पसंद करते है।

विष्णु का कहना है किसान अपना जीवन बहुत ही साधरण तरीके से जीता है और कड़ी धूप, तेज तूफान, वर्षा आदि होते हुये भी कड़ी मेहनत करके खेतों से अनाज उगाते है। देश भर में चाहे लोग गरीब हो या अमीर हो लेकिन सब लोग किसान पर ही निर्भर होते है।भारत की अर्थव्यवस्था की रीढ़ है कृषि। भारत की सत्तर प्रतिशत से भी ज़्यादा आबादी खेती और खेती से जुड़े दूसरे कामों में लिप्त हैं। भारत के ग्रामीण इलाकों का सबसे बड़ा आधार खेती ही है। अधिकांश जनसंख्या के खेतिहर किसान होने की वजह से भारत में मेहनतकश किसानों का देश कहा जाता है। इन मेहनती किसानों ने देश की अर्थव्यवस्था में यथाशक्ति अपना योगदान दिया है।भारत में अधिकतर किसान निम्न मध्यम और मध्यम वर्गीय परिवार से संबंध रखते हैं। भारत के कुछ ही किसान उच्च वर्गीय होते हैं। एक किसान अपनी फसल को अपने बालक की तरह मानकर बड़ा करता है। फसल में कीड़ा लगने पर चिंतित होता है और बारिश की

वजह से फसल के लहराने पर भारतीय किसानके चेहरे पर भी खुशी झलक उठती है।भारतीय किसान का जीवन अत्यंत सादा होता है। कम पढ़े अधिक मान सम्मान नहीं मिलता है। लेकिन फिर भी इस सब के बावजूद भारतीय किसान अपनी खेती के काम में जी जान से जुड़ जाता है।

भारत में किसान सूरज उगने से पहले उठ जाते हैंभारत में किसान ना सिर्फ अपने लिए बल्कि पूरे देशवासियों के लिए फसल उगाकर दिन रात मेहनत करता है। चिलचिलाती धूप हो, आंधी तूफान हो, मूसलाधार बारिश हो, यह हड़कंप आने वाली सर्दी भारत का किसान हमेशा अपनी फसल की रखवाली और देखरेख करने में लगा रहता है। फसल के पकने पर वह आनन्द से भर जाता है। भारत में फसलों की कटाई पर अलग-अलग राज्यों में अलग-अलग तरह के त्यौहार मनाए जाते हैं। पंजाब का लोहरी त्योहार भी फसल कटाई पर मनाया जाने वाला एक त्यौहार है। कटी हुई फसल जब वह लेकर मंडी में जाता है तो कई बार किसानों को निराशा ही हाथ लगती है। क्योंकि उनकी दिन-रात की मेहनत से उगाई हुई फसल के दाम गिरने की वजह से उन्हें अपनी फसल कम दामों में बेचने की मजबूरी हो जाती है। लेकिन भारत की अर्थव्यवस्था में कृषि से होने वाले योगदान के महत्व को नकारा नहीं जा सकता है। भारत का किसान भले ही गरीबी की हालत में जीता है।।लेकिन भारतीय किसानों के सम्मान और उनकी आर्थिक स्थिति को सही करने के लिए भारत सरकार ने कई सारी योजनाएं चलाई हुई है।देश में सूखा और अकाल पड़ने पर यही किसान भाई अपने अनाज को अलग-अलग राज्यों में पहुंचाकर भारतीय बंधुओं की मदद करते हैं। इसलिए हमारा यह कर्तव्य है कि हम अपने किसान भाइयों के प्रति अपना आभार व्यक्त करें।

नौवीं कक्षा की निथुना कहती है कि किसान को सरकार की ओर से कुछ और प्रोत्साहन मिलना चाहिए| अमीर हो या गरीब सब किसान के ज़रिये ही जीते हैं यह कभी नहीं भूलना चाहिए| हम सभी को अपनी भूख मिटाने और अपने जीवन के अस्तित्व को बचाने के लिए भोजन की आवश्यकता

होती है। जब भी हम अपने खाने और उसे पैदा करने वाले के बारे में सोचते हैं तो मन में केवल एक ही तस्वीर आती है और वो है किसान की। किसान ही हमारे अन्नदाता हैं जो हमारे लिए अन्न पैदा करते है। शहरों में रहने वाले लोग किसानों के जीवन और उनके महत्त्व से थोड़े अनभिज्ञ हैं। वो इन किसानों को उतना महत्त्व नहीं देते।किसानों का जीवन बहुत ही कठिनाइयों और मेहनत से भरा होता है। तरह-तरह की फसलों की अच्छी पैदावार के लिए किसान अपने खेतों में कड़ी मेहनत करता हैं। ताकि फसलों को नुकसान होने से बचाया जा सके और फसलों की अच्छी पैदावार हो सके। किसान दिन-रात एक चौकीदार की तरह अपने खेतों की फसलों की देखभाल में लगा रहता हैं।

किसान सारे राष्ट्र को कई किस्मों के भोजन देने के बावजूद भी वह बहुत ही सरल भोजन करते हैं, और एक सादगी भरा जीवन जीते हैं। वो खेतों में उगाये अपनी फसलों को बेचकर अपनी आजीविका चलाते हैं। अपनी अच्छी फसलों को बेचने के बावजूद भी उन्हें उनकी अच्छी कीमत नहीं मिलती है। यही छोटी सी कीमत ही उनके सालभर की मेहनत और उनकी कमाई के रूप में होती है।किसान स्वभाव से बहुत ही मेहनती, अनुशासित, समर्पित और सरल का होता हैं। किसान के जीवन में उसके हर क्षण का महत्त्व होता हैं, इसलिए वह अपने खेती का हर काम समय और सही ढंग से कर पाते हैं। यदि वो अपने जीवन में समय के पाबंद न रहे तो उन्हें खेती में उपज में कमी या फसलों की क्षति का सामना भी करना पड़ सकता हैं। वो हर बार अपने खेतों में कड़ी मेहनत करके फसल बोते हैं | और कई महीनों तक का लम्बा इंतजार करते हैं, जब तक की फसल पूरी तरह से पक न जाये। कृषि उत्पाद उनकी कड़ी मेहनत और समर्पण का परिणाम है। एक किसान के ये सभी गुण हमें प्रेरणा देते हैं।

नौवीं कक्षा का संगीत कहता है कि किसान का सम्मान करना चाहिए| किसानों के कार्य, खेती के गुण, उनके समर्पण की भावना उन्हें समाज का एक सम्माननीय व्यक्ति बनाते हैं। खेतों से जो भी उन्हें प्राप्त होता है उसे ही बेचकर वो साल भर अपना और अपने परिवार का गुजरा करते

है और उसी में वो खुश और संतुष्ट रहते हैं। हमारे देश में कई ऐसे महान नेता हुए जिन्होंने किसानों के उत्थान के लिए सराहनीय कदम उठाये है, इस क्रम में हमारे पूर्व प्रधानमंत्री चौधरी चरण सिंह और लाल बहादुर शास्त्री के योगदान को कभी भुलाये नहीं जा सकते हैं। ये किसान परिवार से ही ताल्लुक रखते थे। इसलिए इन्होंने किसानों के वास्तविक मूल्य को समझा और उनके हित में कई सराहनीय कदम भी उठाये जो आज तक उन्हें लाभान्वित करती हैं।देश में कृषि भूमि के मालिकाना हक को लेकर विवाद सबसे बड़ा है। असमान भूमि वितरण के खिलाफ किसान कई बार आवाज उठाते रहे हैं। जमीनों का एक बड़ा हिस्सा बड़े किसानों, महाजनों और साहूकारों के पास है जिस पर छोटे किसान काम करते हैं। ऐसे में अगर फसल अच्छी नहीं होती तो छोटे किसान कर्ज में डूब जाते हैं।

किसान को धरती पुत्र भी कहा जाता है, अमीर हो या गरीब, राजा हो या उद्योगपति सभी का जीवन किसान की मेहनत पर आश्रित है। किसान दिन-रात गर्मी, बारिश, ठंड की परवाह किए बिना अपने खेतों में अपने श्रम से फसलें उगाता है और वही अनाज पूरे देश के लोगों की भूख को शांत करता है। इसीलिए किसानों का महत्व शास्त्रों में भी वर्णित है।भारत में रहने वाले सभी किसान अपने खेतों में काम करते हैं और खेती-बाड़ी करके अपना घर खर्चा चलाते हैं। किसान अनाज और फल सब्जियां उगाते हैं। किसान द्वारा उगाए जाने वाले अनाज और सब्जियों के माध्यम से ही सभी लोगों का पेट भरता है। किसान जो खेत में रात-दिन मेहनत करता है, फसल कि रखवाली करता है, जिसकी वजह से ही किसान की फसल अच्छी होती है।सरकार हर संभव प्रयास करके किसानों की वर्तमान स्थिति को सुधारना चाहते हैं। किसान हर किसी को अनाज दिलाता है। लेकिन किसानों की खुद की अर्थव्यवस्था पूरी तरह से बिगड़ी होती है। क्योंकि किसानों द्वारा उगाए गए अनाज को बिल्कुल कम दाम के साथ किसानों को बेचना पड़ता है।

प्रेरक उद्धरण

"शिक्षा का उद्देश्य तथ्यों को सीखना नहीं होता है बल्कि शिक्षा का मुख्य उद्देश्य दिमाग को प्रशिक्षित करना होता है।"

अल्बर्ट आइन्स्टीन (Albert Einstein)

3

भाषा

भारत की भाषाओं के सम्बन्ध में नौवीं कक्षा की चैत्रा कहती है कि भारत में विभिन्नता का स्वरूप न केवल भौगोलिक है, बल्कि भाषायी तथा सांस्कृतिक भी है। एक रिपोर्ट के अनुसार भारत में 1652 मातृभाषायें प्रचलन में हैं, जबकि संविधान द्वारा 22 भाषाओं को राजभाषा की मान्यता प्रदान की गयी है। संविधान के अनुच्छेद 344 के अंतर्गत पहले केवल 15 भाषाओं को राजभाषा की मान्यता दी गयी थी, लेकिन 21वें संविधान संशोधन के द्वारा सिन्धी को तथा 71वाँ संविधान संशोधन द्वारा नेपाली, कोंकणी तथा मणिपुरी को भी राजभाषा का दर्जा प्रदान किया गया। बाद में 92वाँ संविधान संशोधन अधिनियम, 2003 के द्वारा संविधान की आठवीं अनुसूची में चार नई भाषाओं बोडो, डोगरी, मैथिली तथा संथाली को राजभाषा में शामिल कर लिया गया। इस प्रकार अब संविधान में 22 भाषाओं को राजभाषा का दर्जा प्रदान किया गया है।भारत की भाषाएं मुख्य रूप से दो प्रमुख भाषाई परिवारों से संबंधित हैं: इंडो- यूरोपीय, जिसकी शाखा इंडो- आर्यन कुल आबादी का लगभग 75 प्रतिशत है। और फिर द्रविड़ियन है, जो बाकी 25 प्रतिशत लोगों द्वारा बोली जाती है। भारत में बोली जाने वाली अन्य भाषाएं मुख्य रूप से ऑस्ट्रो-एशियाटिक और टिबेटो-बर्मन भाषाई परिवारों से आती हैं, साथ ही कुछ भाषाएं अलग-थलग पड़ जाती हैं।

भारत की अलग-अलग भाषाओं की संख्या कई सौ और 1000 से अधिक है अगर प्रमुख बोलियाँ शामिल हैं।जबकि देवनागरी लिपि में हिंदी भारत की केंद्र सरकार की आधिकारिक भाषा है, एक अनंतिम आधिकारिक उप-भाषा के रूप में अंग्रेजी के साथ, व्यक्तिगत राज्य विधानसभाएं किसी भी क्षेत्रीय भाषा को उस राज्य की आधिकारिक भाषा के रूप में अपना सकती हैं। भारत का संविधान देश के विभिन्न हिस्सों में बोली जाने वाली 22 आधिकारिक भाषाओं को मान्यता देता है। इसके अलावा, भारत सरकार ने कन्नड़, मलयालम, ओडिया, संस्कृत, तमिल और टेलीगू को शास्त्रीय भाषा के गौरव से सम्मानित किया है।

भारत की मूल भाषाओं में से कुछ हैं भोजपुरी, राजस्थानी, मगधी, छत्तीसगढ़ी, हरियाणवी, मारवाड़ी, मालवी, मेवाड़ी, खोरठ, बुंदेली, बघेली, पहाड़ी, लमण, अवधी, हरहुति, गढ़वाली, निमाड़ी, सदन, कुमाउनी, धुंधरी, तुलुहारी, तुलु, सुरगुजिया, बागड़ी राजस्थानी, बंजारी, नागपुरिया, सूरजपुरी, सिलहटी और कांगड़ी।भारत की भाषाओं के लिए लेखन प्रणाली भारत की अधिकांश भाषाएँ ब्राह्मी व्युत्पन्न लिपियों में लिखी जाती हैं, जैसे कि देवनागरी, तमिल, तेलुगु, कन्नड़, मेइती मयेक, ओडिया, पूर्वी नगरी- असमिया / बंगाली, आदि उर्दू और कभी-कभी कश्मीरी, सिंधी और पंजाबी अरबी लिपि के संशोधित संस्करणों में लिखे गए हैं। इन भाषाओं को छोड़कर, भारतीय भाषाओं के अक्षर भारत के मूल निवासी हैं। अधिकांश विद्वान इन इंडिक लिपियों को अरामी वर्णमाला के दूर के वंशज मानते हैं, हालांकि अलग-अलग मत हैं।संस्कृत भाषा के इस संस्करण से, पाली, प्राकृत और अपभ्रंश भाषा का विकास 600 ईसा पूर्व से 1000 ईस्वी के दौरान हुआ। पाली: 563 और 483 ईसा पूर्व के बीच।

भगवान गौतम बुद्ध ने अपने अनुयायियों को इस भाषा में शिक्षा प्रदान की।हिंदी की आदि जननी संस्कृत है।भारत की भाषाओ के सम्बन्ध में अमृता कहती है कि संस्कृत पालि, प्राकृत भाषा से होती हुई अपभ्रंश

तक पहुँचती है। भारत में 22 प्रमुख भाषाएं हैं, जिन्हें संवैधानिक रूप से राजभाषा का दर्जा दिया गया है। आपको बता दें, ये 22 भाषाएं भारत की लगभग 90% आबादी द्वारा बोली जाती हैं, इसलिए इन्हें भारत की प्रमुख भाषाओं के रूप में जाना जाता है।इन प्रमुख भाषाओं के अतिरिक्त चीन-तिब्बती परिवार की भाषाएँ, यथा-मणिपुरी, नेवाड़ी, एवं नागा भाषा का प्रयोग भी किया जाता है। भारतीय संविधान में 18 भाषाओं को मान्यता प्रदान की गई हैं, वे हैं- असमिया, बंगला, गुजराती, हिन्दी, कन्नड, कश्मीरी, मलयालम, मराठी, उड़िया, पंजाबी, संस्कृत, सिन्धी, तमिल, तेलगू, उर्दू, कोंकणी, मणिपुरी और नेपाली। इनमें से प्रत्येक की अपनी एक लिपि हैं। इनमें हिन्दी का सर्वप्रथम स्थान है।

प्रेरक उद्धरण

"एक व्यक्ति ने कभी गलती नहीं की, इसका मतलब उसने कभी भी कुछ नया करने की कोशिश नहीं की यानी जब हम कुछ नया करते है तभी गलतियां होती हैं जो स्वाभाविक है।"

अल्बर्ट आइन्स्टीन (*Albert Einstein*)

4

जनतंत्र

अब्राहम लिंकन के अनुसार जनतंत्र जनता का, जनता के लिए और जनता के द्वारा शासन हैं| जनतंत्र का अर्थ है जनता का शासन| इसका तात्पर्य ऐसी शासन प्रणाली से हैं जिसमें शासन चलाने वाले प्रतिनिधि जनता द्वारा ही चुने जाते है| साथ ही इसमें आम जनता का सर्वांगीण हित प्रमुख होता हैं|

भारत में इस तरह की ही जनतंत्रात्मक शासन प्रणाली प्रचलित हैं| आज भारत विश्व का सबसे बड़ा जनतंत्रात्मक देश है, लेकिन जनतंत्र की स्थिति यहाँ सबसे बदतर दिखाई देती हैं| वर्तमान समय में हमारे देश की दशा अत्यंत शोचनीय हैं| हमारे देश की राजनीतिक, आर्थिक और आर्थिक दशा लडखडा रही हैं| राजनीतिक उथल पुथल और चुनौतियां आए दिन बढ़ती रहती हैं|

आठवीं कक्षा की **आदित्या** के अनुसार भारत में लोकतंत्र समृद्धी नहीं कर पा रहा है, इसके कई कारण हैं -आर्थिक असंतुलन इस दिशा में सबसे बड़ी बाधा हैं आम जनता की आर्थिक स्थिति एक शोचनीय हैं|

ग्रामीण क्षेत्रों में अभी भी अशिक्षा फैली हुई हैं. उनमें राष्ट्रीय चेतना उत्पन्न करने के लिए शिक्षा का प्रचार जरुरी हैअसीमित जनसंख्या

वृद्धि एवं रोजगार की कमी भी हमारे लोकतंत्र को डगमगा रही हैं| शिक्षा प्रणाली दूषित हैं इससे बेरोजगारी बढ़ रही हैं| राजनेताओं का स्वार्थ, देशव्यापी भ्रष्टाचार व सरकारी कार्यालयों में लालफीताशाही आदि से शासनतंत्र को कमजोर कर रहे हैं|

प्रेरक उद्धरण

"आज अच्पछे से ढ़ने वाला कल का लीडर होगा।"

मार्गरेट फुलर (*Margaret Fuller*)

5

संस्कृति

भारत की संस्कृति गौरवमयी रही है| आज हमारी संस्कृति से सभी दूर होते जा रहे और पश्चमी सभ्यता को अपनाते जा रहे है| आज हमें ही यह नहीं मालुम की हमारा संस्कृति के आधार पर नया साल क्या है | हम वही कर रहे हैं जो पश्चमी सभ्यता के लोग कर रहे है| भारतीय संस्कृति के आधार पर जब नया साल होता है उस दिन लोग किसी को नए साल की शुभकामना नहीं देते| चलो इन सब की बात हम बाद में करते हैं इसके पहले के कारण को देखते है जिस कारण भारत की संस्कृति को लोग भूलते जा रहे हैं सभी| आज के बच्चे भारत की संस्कृति को भूल रहे हैं|

इसके कारणों के बारे में नौवीं कक्षा की इसा कहती है कि आज हम पश्चमी सभ्यता को अपना रहे हैं और उनका देखा देखि हम करके यह गर्व करते हैं की हम तो बहुत एडवांस हो गए है|

आज भारतीय संस्कृति के पतन होने का कई कारण है जिसमें से कुछ कारण को मैं बतलाने जा रही हूं| पहला और मुख्य कारण तो यह है की आज हम अपने पुराने ग्रन्थ को नहीं नहीं पढ़ते और ना बच्चे को पढ़ाते हैं आज बहुत कम के घर में रामायण महाभारत गीता इत्यादि होगी वेद की बात तो छोड़ दिया जाए यदि वेद को नहीं गीता रामायण महाभारत इत्यादि को ही अपनाया जाए तो हम अपनी संस्कृति को पतन होने से

बचा सकते हैं| यदि वेद का अनुसरण किया जाए तो फिर से हम विश्व गुरु बन जायेंगे|

हमें अपने बच्चो को संस्कार सिखाना होगा| आज दूसरा संस्कृति को विनास होने का कारण है टेलीविजन, मूवी, इन्टरनेट इत्यादि| टेलीविजन, मूवी, इत्यादि में जो जो दिखाया जाता है उसे बच्चे शुरू से करते हैं और सिखते हैं| टेलीविजन, मूवी, इत्यादि में यह बोला जाता है जैसे नए साल १ जनवरी को १४ फ़रवरी को वेलेंटाइन डे मनाओ और हम इन सबको देखकर यही पश्चमी सभ्यता को सही मान रहे हैं| प्रत्येक जाति की अपनी-अपनी संस्कृति होती है, पर वे सभी सभ्य नहीं होतीं। संस्कृति अच्छी या बुरी हो सकती है परंतु सभ्यता सदैव सुंदर होती है। मनुष्य के शरीर में आत्मा प्रधान है, शरीर गौण है फिर भी शरीर आत्मा के लिए अत्यंत आवश्यक है। भारतीय संस्कृति आत्मा को ही मुख्य मानती है। शरीर और मन की शुद्धि भी आवश्यक है।

प्रेरक उद्धरण

"ज्ञान में किए गए निवेश से सबसे उत्तम लाभ प्राप्त होता है।"

बेंजामिन फ्रैंकलीन

6

कुटीर उद्‌योग

कुटीर उद्‌योग द्‌वारा बनाए जाने वाली सभी वस्तुएं गृह उद्‌योग स्तर पर आसानी से अपेक्षाकृत कम लागत में तैयार की जा सकती है।इनका क्षेत्र अत्यंत विस्तृत होता है चंद लाख रुपए से कोई भी उद्‌योग प्रारंभ किया जा सकता है।आवश्यक कच्चा माल आस-पास ही मिल जाता है तैयार माल भी आसानी से आस-पास के क्षेत्रों में बेचा जा सकता है। कम पूंजी वाला व्यक्ति भी कुटीर अथवा ग्रह उद्‌योग लगाकर ना केवल अपनी रोजी रोटी कमा सकता है बल्कि कुछ व्यक्तियों को कर्मचारी रखकर बेरोजगारी दूर करने में सहायक हो सकता है।

आठवीं कक्षा के **अद्वैत** के अनुसार भारत जैसे विकासशील देश में गृह उद्‌योग का अधिकतम विकास ही प्रगति का एकमात्र मार्ग है।हमारे देश में दिन -प्रतिदिन बेरोजगारी की समस्या चरम सीमा पर पहुँच रही है। सरकार मुमकिन कोशिश करने के साथ नयी योजनाएं भी बना रही है, ताकि गरीबो और मध्यम वर्गीय लोगो की इस परेशानी को दूर कर सके।बेरोजगारी जैसे परेशानी को दूर करने के लिए हम घरेलू उद्‌योग और लघु उद्‌योग आरम्भ कर सकते है। गरीब या उससे भी निम्न स्तर पर जीने वाले लोगो के पास दो वक़्त का खाना मुश्किल से जुट पाता है।अगर व्यक्ति घर से छोटा हस्तशिल्प का उद्‌योग आरम्भ करे तो फिर हाथ से बने हुए चीज़ो को बाज़ारो में अच्छे कीमत पर बेचा जा सकता है।

ऐसे उद्योगों में पंद्रह ज़रूरतमंद और मेहनती लोगो को शामिल करे तो घरेलू उद्योग अच्छा -खासा चल सकता है।हमारे देश में दिन-प्रतिदिन बेरोजगारी की समस्या चरम सीमा पर पहुँच रही है।

सरकार मुमकिन कोशिश करने के साथ नयी योजनाएं भी बना रही है, ताकि गरीबो और मध्यम वर्गीय लोगो की इस परेशानी को दूर कर सके।बेरोजगारी जैसे परेशानी को दूर करने के लिए हम घरेलू उद्योग और लघु उद्योग आरम्भ कर सकते है। गरीब या उससे भी निम्न स्तर पर जीने वाले लोगो के पास दो वक़्त का खाना मुश्किल से जुट पाता है।अगर व्यक्ति घर से छोटा हस्तशिल्प का उद्योग आरम्भ करे तो फिर हाथ से बने हुए चीज़ो को बाज़ारो में अच्छे कीमत पर बेचा जा सकता है। ऐसे उद्योगों में पंद्रह ज़रूरतमंद और मेहनती लोगो को शामिल करे तो घरेलू उद्योग अच्छा -खासा चल सकता है।बहुत से घरो में घर का खाना बनाकर, घरो -घरो में जाकर पहुंचाते है। मुंबई शहर में डब्बलेवाले के बैगर लोगो का जीवन नहीं चलता है। भारत में हर महीने कुछ ना कुछ त्यौहार रहता है। इन त्योहारों से संबंधित लोग घर पर वस्तु बनाकर उसे मेले में बेचते है, जिससे उनकी अच्छी आमदनी होती है।

भारत में ज़्यादातर लोग गाँव में लघु उद्योग करते है। कुम्हार अपने हाथों से अनोखे और लाजवाब मिटटी के बर्तन बनाता है। उसके बाद भट्टी में उसको सुखाकर मज़बूत करता है और उसके बाद रंगो से उस पर नक्काशी करता है।भारत सरकार लघु उद्योग करने के लिए लोगो को लोन की सुविधा दे रही है। लोन लेकर लोग अपना घरेलू उद्योग आरम्भ कर सकते है। हथकरघा, सिलाई और जूते बनाने का उद्योग इत्यादि व्यापार कर सकते है।

हाथो से निर्मित की गयी इस बेहतरीन प्रक्रिया को शिल्पकारी कहते है। देश के कुशल कारीगर सरल उपकरणों से अलग- अलग प्रकार के हैरान कर देने वाले अद्भुत और मन मोह लेने वाले समान बनाते है। कुशल और अनुभवी कारीगर लकड़ी, चट्टान, पत्थर, धातु, संगमरमर

इत्यादि चीज़ों से सामान बखूभी बनाना जानते है। ग्रामीण लोग आज भी अपने रचनात्मक गुणों के कारण, कलात्मक वस्तुएं बनाकर अपनी आजीविका कमाते है। पूरे विश्व में भारत अपनी कला और पारम्परिक संस्कृति के कारण प्रसिद्ध है।भारत के विभिन्न प्रकार के हस्तशिल्प की चर्चा दुनिया भर में है। विदेशो से आकर पर्यटक इन हस्तशिल्पो को बेहद पसंद करते है और खरीदते है। घरेलू उद्योग के माद्यम से ऐसे कारीगर, हाथो से बनी हुयी चीज़ो को रोज़ाना बेचकर अपना दैनिक जीवन चलाते है।

प्रेरक उद्धरण

"एक हज़ार मील सफलता की यात्रा की शुरुआत भी
एक कदम से ही होती है।"

लाओ त्सू (*Lao Tzu*)

7

हस्तशिल्प कला

भारत के हस्तशिल्प के सम्बन्ध में नौवीं कक्षा की **अश्वती** कहती है कि - भारत के विभिन्न प्रकार के हस्तशिल्प है, जैसे की बांस हस्तशिल्प। यह सबसे पर्यावरण अनुकूलित हस्तशिल्प है। बांस की मदद से टोकरी, गुड़िया, खिलोने, सजावट के सामान इत्यादि बनाकर लोग अपना घर चलाते है।बैत से टोकरिया, ट्रे और फर्नीचर बनाये जाते है। ओडिशा राज्य में हड्डी और सींग के कई प्रकार के हस्तशिल्प बनाये जाते है। यह हस्तशिल्प बेहद जीवंत लगते है और इन हस्तशिल्पो को पक्षी और जानवरो का रूप दिया जाता है।राजस्थान राज्य में पीतल के हस्तशिल्प प्रसिद्ध है। पीतल से बने भगवान् की मूर्तियां और अनगिनत सामान कारीगरों द्वारा बनाये जाते है। भारत में विभिन्न प्रकार के मिटटी के हस्तशिल्प जैसे लाल बर्तन, ग्रे बर्तन और काले बर्तन के रूप में कारीगर बनाते है। पश्चिम बंगाल के कृष्णागर, लखनऊ, हिमाचल प्रदेश इत्यापश्चिम बंगाल, असम और बिहार जैसे राज्यों में जूट हस्तशिल्प से हज़ारो कारीगर स्वयम आजीविका कमाते है।

जूट के बैग, फूटवेयर, सजावट के सामान इत्यादि बनाये जाते है। भारत में दिल्ली, राजगीर, पटना, गया जैसे क्षेत्रों में कागज़ से बने वस्तु जैसे पतंग, सजावटी फूल, खिलोने, हाथ के पंखे, लैंप शेड बेहद मशहूर है। राजस्थान, जयपुर और मध्य प्रदेश संगमरमर की लाजवाब नक्काशी के

लिए लोकप्रिय है।समुद्री शैल से विभिन्न प्रकार के वस्तु बनाये जाते है। ऐसे कारीगर घरो में अथवा समूह में शैल के सामान जैसे चूड़ियां, लॉकेट, चमच इत्यादि बनाते है। जिन क्षेत्रों में समुद्र होते है, वहां समुद्र के किनारे शैल के बने समान बिक्री किये जाते है।मीनाकारी अथवा चांदी का महीन काम करके बहुत सारे कारीगर ऐसे लघु उद्योगों से आजीविका कमाते है। ऐसे हस्तशिल्प ओडिशा और तेलंगना में लोकप्रिय है। कई औरतें समूह बनाकर बुनाई और कढ़ाई जैसे महीन कार्य करके कपड़े बनाती है। कपड़ो में महीन एम्ब्रॉयडरी भी करती है।

बुनाई जैसे बांधनी जैसे कपड़े जामनगर और राजकोट में बेहद प्रसिद्ध है। देश के लिए छोटे उद्योग धंधे गरीब और अल्पविकसित वर्ग के लिए लाभदायक है। आज कल बड़े शहरों में भी घरेलू उद्योगों का निर्माण हो रहा है। जापान एक ऐसा देश है, जहाँ घरेलू उद्योग से लोग अच्छी लघु या घरेलू उद्योग प्रारम्भ करने से पूर्व यह चयन करना आवश्यक है, कि कौन सा लघु उद्योग व्यक्ति के लिए बेहतर होगा। कितना निवेश करना है और किस प्रकार के कौशल से व्यक्ति संबंध रखता है, इस पर भी यह उद्योग निर्भर करता है।गांव और कस्बो में लोग चाय की दूकान, अगरबत्ती की दूकान आदि घर चलाते है। गाय और भैसो का पालन भी एक उम्दा घरेलू उद्योग है। अगर पशु पालन जैसे उद्योग भली – भाँती से किया जाए तो उससे लाखो रूपए कमाया जा सकता है। विभिन्न प्रकार के सब्ज़ी की खेती से भी अच्छा लाभ हो सकता है। कृषि संबंधित कार्यो में लगन और मेहनत की आवश्यकता है। कृषि क्षेत्र में तकनीकी ज्ञान व्यक्ति को होना ज़रूरी है।

कुटीर उद्योग व्यक्ति के परिश्रम पर केंद्रित है।ऐसे उद्योगों में कम से कम पूंजी लगायी जाती है, जिससे लोगो के रोजगार में वृद्धि होती है। बड़े उद्योगों की तुलना में लघु उद्योग में अधिक से अधिक लोग काम करते है। वहां सभी का समान अधिकार होता है। लघु उद्योग में श्रमिकों का शोषण नहीं होता है और इसलिए आय वितरण में बराबर का अधिकार होता है। बड़े और विस्तृत उद्योग स्थापित करने के लिए

कई तरह के सुविधाओं जैसे जमीन, पानी, बिजली इत्यादि कई चीज़ों की आवश्यकता होती है। जबकि लघु और घरेलू उद्योग को गाँव या शहर में कहीं पर भी बसाया जा सकता है।खासी कमाई कर लेते है।दि राज्यों में मिटटी के हस्तशिल्प पाए जाते है।कुटीर उद्योग देश के तकरीबन लाखो लोगो को रोजगार के मौके देता है।

भारत का कुल औद्योगिक उत्पादन में से 45 फीसदी योगदान लघु उद्योगों का है।घरेलू उद्योग देश के सामाजिक और आर्थिक प्रगति में अहम भूमिका निभाते है। घरेलू उद्योग जो भी व्यक्ति शुरू करना चाहता है, वह निसंकोच रूप से आरम्भ कर सकता है और सरकार की सहायता से अपने उद्योग को विकसित कर सकता है।सरकार का यह उद्देशय है, कि वह इन घरेलू उद्योगों के माध्यम से कई लोगो को दैनिक रोजगार के अवसर प्रदान कर सके। लघु उद्योग द्वारा लोगो की बेरोजगारी की परेशानी दूर हो जायेगी और सभी लोग एक सुखी जीवन यापन कर पाएंगे।सरकार का दायित्व है कि वह इस प्रकार के लघु उद्योगों के लिए लोगो को प्रशिक्षण उपलब्ध करवाए। न्यूनतम ब्याज पर उधार का प्रबंध लोगो को करवाए, साथ ही समाग्रियों या उत्पादों को बेचने के लिए उचित बाजार सुलभ कराये।

प्रेरक उद्धरण

"मुझे विश्वास है कि प्रति व्यक्ति एक प्रतिभा के साथ पैदा होता है बस हमें ज़रूरत होती है उस प्रतिभा को निखारने की| हमें हमेशा कुछ उपयोगी चीज़ों को जानने और सीखने की इच्छा रखनी चाहिए।"

सोफोकल्स (*Sophocles*)

8

कुम्हार

जगमग रोशनी से दूसरों के घरों में रोशनी बिखेरने वाले कुम्हारों के जीवन में खुशी और उत्साह की जो लहर दिखाई देनी चाहिए, वह दिखाई नहीं देती। पुश्तैनी व्यवसाय को संभाल रहे कुम्हारों का जीवन स्तर जैसा होना चाहिए, वैसा नहीं है।

दसवीं कक्षा की नंदना एस कुमार ने कहा कि भांरत कुम्हारो का जीवन अँधेरे में है। उनके जीवन में रौशनी की ज़रूरत है। यहां यह ध्यान देने की बात है कि गुजरात के कई क्षेत्र विशेष रूप से कच्छ और सौराष्ट्र मिट्टी के पारंपरिक बर्तनों की कला के लिए प्रसिद्ध हैं। वर्ष 2018 में कुम्हार सशक्तिकरण योजना के शुभारंभ के बाद से केवीआईसी ने गुजरात के विभिन्न गांवों से लगभग 750 कुम्हारों को प्रशिक्षित किया है। मिट्टी के बर्तनों के निर्माण में प्रशिक्षण देने के अलावा केवीआईसी ने उन्हें इलेक्ट्रिक चाक दिए और मिट्टी मिलाने के लिए ब्लन्जर मशीन (अनुमिश्रक) जैसे अन्य उपकरण भी वितरित किए हैं। इसने मिट्टी के बर्तनों के निर्माण की प्रक्रिया के दौरान आने वाले आलस्य को खत्म कर दिया है और इसके परिणामस्वरूप कुम्हारों के उत्पादन और आय में 3-4 गुना वृद्धि हुई है।

प्रेरक उद्धरण

"ज्ञान ही शक्ति है। जानकारी स्वतंत्रता है। प्रत्येक परिवार और समाज में शिक्षा प्रगति का आधार है।"

कोफी अन्नान

∽

9

जूट उद्योग

भारतीय अर्थव्यवस्था में जूट उद्योग का महत्त्वपूर्ण स्थान है।

भारत के जूट व्यवसाय के बारे में एक नज़र सातवीं कक्षा के निरंजना सरन के शब्दों में, भारत में जूट व्यवसाय थोड़ा पीछे है| जिसका कारण लोगों में लगाव की कमी है| 19वीं शताब्दी तक यह उद्योग कुटी एवं लघु उद्योगों के रूप में विकसित था एवं विभाजन से पूर्व जूट उद्योग के मामले में भारत का एकाधिकार था। विशेष रूप से कच्चा जूट भारत से स्कॉटलैंड भेजा जाता था। जहाँ से टाट-बोरियाँ बनाकर फिर विश्व के विभिन्न देशों में भेजी जाती थीं, जोकि विदेशी मुद्रा का प्रमुख स्रोत थी। यह निर्यात व्यापार जूट उद्योग का जीवन रक्त था। दुनिया के प्रायः सभी देशों में जूट निर्मित उत्पादों की माँग हमेशा बनी रहती है। अतः आज भी भारत में जूट को 'सोने का रेशा' कहा जाता है।

भारत में जूट का प्रथम कारखाना सन 1859 में स्कॉटलैंड के एक व्यापारी जार्ज ऑकलैंड ने बंगाल में श्रीरामपुर के निकट स्थापित किया और इन कारखानों की संख्या 1939 तक बढ़कर 105 हो गई। देश के विभाजन से यह उद्योग बुरी तरह प्रभावित हुआ। जूट के 112 कारखानों में से 102 कारखाने ही भारत के हिस्से में आये जूट उद्योग को सिंथेटिक फाइबर से कड़ी प्रतिस्पर्धा मिल रही है। जूट उद्योग पूर्वी भारत, विशेष

रूप से पश्चिम बंगाल में स्थित प्रमुख उद्योगों में से एक है। देश के कुल जूट उत्पादन में पश्चिम बंगाल का योगदान 80 प्रतिशत से अधिक है| भारत में जूट वस्त्र या जूट उद्योग अत्यधिक स्थानीय उद्योग हैं। देश की स्वतंत्रता के समय बहुत कम जूट उद्योग थे और इनकी संख्या आनुपातिक रूप से वर्षों में काफी बढ़ी है। भारत की जूट मिलें बड़ी संख्या में लोगों को रोजगार प्रदान करती हैं। पश्चिम बंगाल में कोलकाता और नैहाटी देश में जूट मिलों के अधिकतम अनुपात के लिए जिम्मेदार हैं। नैहाटी की जूट मिलों को हुगली नदी के किनारे स्थापित किया गया है। यह भारत में प्रमुख जूट उत्पादों के विनिर्माण केंद्रों में से एक है।

प्रेरक उद्धरण

"इस दुनिया में किसी के साथ खुद की तुलना मत करो
यदि आप ऐसा करते हैं, तो आप खुद का अपमान कर
रहे हैं।"

बिल गेट्स

<h1 style="text-align:center">10</h1>

भारतीय महिलायें

भारतीय महिलाओ के सम्बन्ध में उद्योग के महत्व पर नमित्रा कहती है कि भारतीय महिलाओं के लिए वर्क फ्रॉम होम जॉब्स उन महिलाओं के लिए करियर के बेहतरीन अवसर प्रदान करती हैं जो काम करने के लिए घर नहीं छोड़ सकती हैं। चूंकि ज्यादातर महिलाएं घर पर बच्चों और बड़े परिवार के प्रबंधन के तनाव के कारण अपनी शादी के बाद काम छोड़ने का विकल्प चुनती हैं, इसलिए गृहिणियां आमतौर पर शादी के बाद अपनी नौकरी छोड़ देती हैं। जब तक वे अपने घर के साथ-साथ काम का प्रबंधन करते हैं, वे अपने कुछ सपनों को साकार कर सकते हैं। वे तब अपने परिवार और समाज दोनों के प्रतिबंधों का आमतौर पर पैसे की कमी के चलते लोग अपने सपनों को साकार नहीं कर पाते हैं।

बिज़नेस लोन ने बहुत से लोगों के सपनों को सच बनायां गया है। महिलाओं के लिए विशेष रूप से डिज़ाइन किए गए कुछ बिज़नेस लोन हैं, जो किसी भी महिला को व्यवसायिक महिला बना सकते हैं| यह अन्नपूर्ण योजना लोन उन महिलाओं के लिए है जो अपना स्वयं का खानपान व्यवसाय शुरू करना चाहती हैं। यह भारतीय महिला बैंक और स्टेट बैंक ऑफ मैसूर द्वारा प्रदान किया जाता है|आज कल रोज़गार क्षेत्र बहुत ही कठिन और प्रतियोगिता से भरा हुआ है। कहीं भी चले जाओ अगर किसी कंपनी में नौकरी के लिए 10 सीट खाली होंगे तो 100 लोग

उन सीटों के लिए परीक्षा या इंटरव्यू देते हैं। ऐसे में महिलाओं के लिए भी नौकरी का क्षेत्र बहुत ही मुश्किल होता जा रहा है।ऐसे समय में सबसे बेहतर उपाय है एक छोटी जी पूंजी लगा कर घर पर अपना स्वयं का एक व्यापार शुरू करना। ऐसे बहुत सारे छोटे या लघु उद्योग के तरीके हैं जिनकी मदद से महिलाएं या माताएं घर बैठे स्वयं का व्यापार शुरू कर सकते हैं और नौकरी से ज्यादा पैसे भी कमा सकते हैं।

भारत की महिलाओ के रोज़गार के अन्य तरीको के सम्बन्ध में नौवीं कक्षा की शमना कहती हैं कि छोटे -बड़े बहुत से रोजगार के अवसर महिलाओ के सामने है| बहुत सारी महिलाओं को मिठाई बनाने का बहुत ज्यादा शौक होता है या वह लज़ीज़ मिठाइयाँ बनाना जानती हैं। वो महिलाएं अपने घर में अपना काम करने के साथ-साथ मिठाई बनाने का उद्योग भी शुरू कर सकते हैं और अच्छा पैसा कमा सकते हैं। इससे आप अपने घर के खर्चे के लिए कुछ पैसे भी जमा कर सकते हैं और इससे आपका ज्ञान उस क्षेत्र में औआर्ट और क्राफ्ट के क्षेत्र में अलग-अलग लोगों में अलग-अलग प्रकार का ज्ञान होता है। यह उद्योग हर किसी के लिए अलग होता है। सोचिये किसी को सुन्दर पर्स या झोला बनाना आता है तो किसी को अच्छा बास्केट या अलग-अलग सामानों से सुन्दर आर्टिफीसियल गुलदस्ते या किसी को चिकनी मिटट्टी की मदद से सुन्दर मूर्ति या खिलौने।

आप अपने ज्ञान के अनुसार सामग्री बनाने का सामान थोक व्यापारी से लाकर व्यापार शुरू कर सकते हैं।र बढेगा। जिन महिलाओं को ब्रेड बनाना या टोस्ट बनाना आता है वह अपना छोटा सा टोस्ट और ब्रेड बेकिंग व्यापार भी शुरू कर सकते हैं। इस व्यापार को महिलाएं बहुत ही कम लागत में शुरू कर सकतीं है और इसमें बहुत ही ज्यादा मुनाफा होता है। इसमें कप केक, ब्रेड, टोस्ट जैसी चीजें भी आप बना सकते हैं।ऐसी बहुत सारी महिलाएं हैं जो पढ़ी लिखी हैं पर वो कोई नौकरी नहीं कर रही हैं। उनमें से कई फीसदी महिलाएं हैं जिन्हें पढ़ाने का शौक होता है। वो अपने घर में किसी खाली समय को देख कर कुछ बच्चों को ट्यूशन भी

पढ़ा सकते हैं। इससे उनके पढ़ाने की इच्छा भी पूरी होगी और घर के लिए वो कुछ पैसे भी कमा सकते हैं। अगर आपका ट्यूशन पढ़ाना सफल हुआ और ज्यादा बच्चे पढने के लिए आने लगें तो दो तीन महिलाएं मिलकर भी ट्यूशन सेंटर शुरू कर सकते हैं।बहुत सारी महिलाओं को सिलाई का शौक होता है। सिलाई या टेलरिंग जानने वाली महिलाएं दो प्रकार से पैसे कमा सकती हैं।ज्यादातर महिलाओं को लिखना अच्छा लगता है। वो चाहें तो अपना खुद का एक ब्लॉग भी शुरू कर सकते हैं जिसमें वो अपने ज्ञान के अनुसार पोस्ट लिख सकते हैं। ब्लॉग या वेबसाइट के माध्यम से बहुत तरीकों से पैसे कमाए जा सकते हैं, जैसे – विज्ञापन|

हम सब जानते है कि पैसा हर घर की जरुरत होती है। और पैसे कमाने की जिम्मेदारी घर के आदमीयों की मानी जाती है। लेकिन आज का समय अलग है, मतलब आज महिलाएं भी पैसे कमा सकती है और घर की आर्थिक स्थिति में अपना सहयोग दे सकती है। महिलाओं के द्वारा काम किए जाने का फैसला काफी गर्व करने योग्य है।

प्रेरक उद्धरण

"शिक्षा जीवन की तैयारी नहीं है; शिक्षा ही जीवन है।"

जॉन देवे

❧

11

भारत की पाक-कला

प्राचीन काल से ही कई अध्ययन और शोध के बाद भारत की पाक-कला में ऐसे मसालों को सम्मिलित किया गया है, जिनकी सुगंध मनमोहक है, जो स्वास्थ्य के लिए गुणकारी और जो स्वाद में उत्तम हैं।

भारत की मसालों के बारे में जो विश्व भर में प्रसिद्ध है, **शबीब** का कहना है कि उसकी कीमतों में कुछ और बढ़ावा देनी चाहिए| इन मसालों को भोजन में मिलाने से उस भोजन का स्वाद दोगुना बढ़ जाता है। यही कारण हैं कि विश्वभर में भारत के पारम्परिक भोजन को बहुत पसंद किया जाता है। भारतीय भोजन के स्वाद को और अधिक गहनता से जानने के लिए समय-समय पर वैज्ञानिक इसमें प्रयोग होने वाले मसालों पर अपनी खोज के प्रमाण प्रस्तुत करते हैं। भारतीय मसालों का निर्यात कई देशों में किया जाता है। भारतीय मसालों के प्रमुख आयातकों में चीन, बांग्लादेश, फ्रांस, अमेरिका, ब्रिटेन, जर्मनी, ऑस्ट्रेलिया, इटली, यूएई (UAE), कनाडा, सिंगापुर, ईरान आदि देश शामिल हैं। जहाँ काली मिर्च, इलायची, अदरक, हल्दी, धनिया, जीरा, अजवाइन, सौंफ, मेथी, जायफल और पुदीना दलिया आदि मसाले निर्यात किए जाते हैं। एक रिपोर्ट से पता चला है कि कोरोना वायरस के चलते विश्वभर में भारतीय मसालों की मांग में काफी वृद्धी हुई है।

भारत हमेशा से एक जैसा नहीं रहा है, प्राचीन भारत, गुलामी के समय का भारत, आजादी के बाद और वर्तमान भारत की जीवन-शैली में बहुत अधिक अंतर है। जिसका असर यहाँ के खान-पान पर भी पड़ा है। अलग-अलग शासकों के पसंदीदा पकवान देखते ही देखते भारतीय पारम्परिक भोजन की सूची में शामिल हो गए। देश में व्याप्त विशिष्टता यहां के व्यंजनों में भी स्पष्ट देखी जा सकती है।भोजन और उसके स्वाद पर जलवायु, भूगोल, इतिहास और संस्कृति आदि का गहरा प्रभाव होता है।

एक अच्छे भोजन की पहचान उसके रंग, स्वाद और सुगंध से होती है।भारतीय भोजन में प्रयोग किए जाने वाले प्रत्येक मसाले की अपनी विशिष्टता है जो किसी न किसी रूप में हमारे शारीरिक और मानसिक स्वास्थ के लिए लाभदायक है। कोरोना वायरस के प्रकोप के दौरान यह पाया गया कि भारतीय मसालों की उचित मात्रा मनुष्य में रोग-प्रतिरोधक क्षमता के विकास में मदद करती है।

प्रेरक उद्धरण

"शिक्षा भविष्य के लिए पासपोर्ट है जो आज इसके लिए तैयारी करते हैं।"

माल्कॉम एक्स

❧

12

कला

भारत में चित्रकला का इतिहास बहुत पुराना रहा हैं। पाषाण काल में ही मानव ने गुफा चित्रण करना शुरु कर दिया था। होशंगाबाद और भीमबेटका क्षेत्रों में कंदराओं और गुफाओं में मानव चित्रण के प्रमाण मिले हैं। इन चित्रों में शिकार, शिकार करते मानव समूहों, स्त्रियों तथा पशु-पक्षियों आदि के चित्र मिले हैं। अजंता की गुफाओं में की गई चित्रकारी कई शताब्दियों में तैयार हुई थी, इसकी सबसे प्राचीन चित्रकारी ई.पू. प्रथम शताब्दी की हैं। इन चित्रों मे [भगवान बुद्ध]] को विभिन्न रुपों में दर्शाया है | गुफाओं से मिले अवशेषों और साहित्यिक स्रोतों के आधार पर यह स्पष्ट है कि भारत में एक कला के रूप में 'चित्रकला' बहुत प्राचीन काल से प्रचलित रही है। भारत में चित्रकला और कला का इतिहास मध्यप्रदेश की भीमबेटका गुफाओं की प्रागैतिहासिक काल की चट्टानों पर बने पशुओं के रेखांकन और चित्रांकन के नमूनों से प्रारंभ होता है।

महाराष्ट्र के नरसिंहगढ़ की गुफाओं के चित्रों में चितकबरे हरिणों की खालों को सूखता हुआ दिखाया गया है। इसके हजारों साल बाद रेखांकन और चित्रांकन हड़प्पाकालीन सभ्यता की मुद्राओं पर भी पाया जाता है। हिन्दु और बौद्ध दोनों साहित्य ही कला के विभिन्न तरीकों और तकनीकों के विषय में संकेत करते हैं जैसे लेप्यचित्र, लेखाचित्र और

धूलिचित्र। पहली प्रकार की कला का सम्बन्ध लोक कथाओं से है। दूसरी प्रागेतिहासिक वस्त्रों पर बने रेखा चित्र और चित्रकला से संबंद्ध है और तीसरे प्रकार की कला फर्श पर बनाई जाती है। भारतीय चित्रकारी को मोटे तौर पर भित्ति चित्र व लघु चित्रकारी में विभाजित किया जा सकता है। भित्ति चित्र गुफाओं की दीवारों पर की जाने वाली चित्रकारी को कहते हैं, उदाहरण के लिए अजंता की गुफाओं व एलोरा के कैलाशनाथ मंदिर का नाम लिया जा सकता है। आठवीं कक्षा की वैगा कहती है कि भारत में चित्रकला को प्रोत्साहन मिलना चाहिए| भारत की चित्रकला विदेशों में भी प्रसिद्ध है|

मुगल चित्रकला शैली भारतीय, फारसी और मुस्लिम मिश्रण का विशिष्ट उदाहरण है। अकबर के शासनकाल में लघु चित्रकारी के क्षेत्र में भारत में एक नये युग का सूत्रपात हुआ। उसके काल की एक उत्कृष्ट कृति हमजानामा है। मुगल चित्रकला नाटकीय कौशल और तूलिका के गहरेपन के लिए विख्यात है।जहांगीर खुद भी एक अच्छा चित्रकार था। उसने अपने चित्रकारों को छविचित्रों व दरबारी दृश्यों को बनाने के लिए प्रोत्साहित किया। उस्ताद मंसूर, अब्दुल हसन और बिशनदास उसके दरबार के सबसे अच्छे चित्रकार थे।

शाहजहां के काल में चित्रकारी के क्षेत्र में कोई ज्यादा कार्य नहीं हुआ, क्योंकि वह स्थापत्य व वास्तु कला में ज्यादा रुचि रखता था। औपनिवेशिक काल के दौरान भारतीय कला पर पश्चिमी प्रभाव पूरी तरह से पडने लगा था। इस काल के दौरान कई ऐसे चित्रकार हुए जिन्होंने पश्चिमी दृष्टिकोण और यथार्थवाद के वेश में भारतीय विषयों का सुंदर चित्रण किया। इसी दौरान जेमिनी रॉय जैसे कलाकार भी थे जिन्होंने लोककला से प्रेरणा ली।

भारतीय स्वतंत्रता के बाद प्रगतिशील कलाकारों ने स्वतंत्रोत्तर भारत की आकांक्षाओं को व्यक्त करने के लिए नये विषयों व माध्यमों को चुना। इस समूह के छह प्रमुख चित्रकारों में के.एच. आगा, एस. के.

बकरे, एच. ए. गदे, एम. एफ. हुसैन, एस. एच. रजा और एफ. एन. सूजा शामिल थे। इस समूह को 1956 में भंग कर दिया गया लेकिन छोटे से ही समय में इसने भारतीय चित्रकला परिदृश्य को पूरी तरह से बदल दिया।इस काल की एक प्रसिद्ध चित्रकार अमृता शेरगिल हैं जिन्होंने नवीन भारतीय शैली का सृजन किया। अन्य महान चित्रकारों में गुरुदेव रवींद्रनाथ टैगोर और रवि वर्मा का नाम शामिल है। सिंधु घाटी सभ्यता के पतन के बाद चित्रकला की धारा क्षीण होती प्रतीत होती है। वैदिककाल और महाजनपदकाल में भी चित्रकला का विस्तृत ब्यौरा नहीं मिलता है। बौद्ध एवं जैन सहित अन्य धार्मिक विचारधाराओं के विस्तार ने चित्रकला के विकास में महती भूमिका निभाई।

भारतीय कला के विशेषताओं के सम्बन्ध में नौवीं कक्षा ककी मिधुल बताते है कि भारतीय कला में अभिव्यक्ति की प्रधानता दिखाई देती है। कलाकारों ने अपनी कुशलता का प्रदर्शन शरीर का यथार्थ चित्रण करने अथवा सौन्दर्य को उभारने में नहीं किया है। इसके स्थान पर आन्तरिक भावों को उभारने का प्रयास ही अधिक हुआ है। इसका सबसे सुन्दर उदाहरण हमें विशुद्ध भारतीय शैली में बनी बुद्ध मूर्तियों में देखने को मिलता है| स्कृति मंत्रालय कला और संस्कृति के संरक्षण तथा विकास में अहम भूमिका निभाता है। इस विभाग का उद्देश्य ऐसी पद्धति विकसित करना है | भारतीय कला जहाँ एक ओर वैज्ञानिक और तकनीकी आधार रखती है, वहीं दूसरी ओर भाव एवं रस को सदैव प्राणतत्वण बनाकर रखती है।

भारतीय कला को जानने के लिये उपवेद, शास्त्र, पुराण और पुरातत्त्व और प्राचीन साहित्य का सहारा लेना पड़ता है। कला का मानक कला स्वरूप अपने आप में निहित हैं। भारत में नृत्य की परंपरा प्राचीन समय से रही है| हड़प्पा सभ्यता की खुदाई से नृत्य करती हुई लड़की की मूर्ति पाई गई है, जिससे साबित होता है कि उस काल में भी नृत्यकला का विकास हो चुका था| भरत मुनि का नाट्य शास्त्र भारतीय नृत्यकला का सबसे प्रथम व प्रामाणिक ग्रंथ माना जाता है| इसको पंचवेद भी कहा

जाता है| भरत मुनि के नाट्यशास्त्र पर आधारित भरतनाट्यम अत्यंत परंपराबद्ध तथा विशिष्ट शैलीयुक्त नृत्य है। इस नृत्य शैली का विकास दक्षिण भारत के तमिलनाडु में हुआ था| प्रारंभ में यह नृत्य मंदिरों में देवदासियों द्वारा किया जाता था, तब इसे आट्टम कहते थे। इसे वर्तमान रूप प्रदान करने का श्रेय तंजौर चतुष्टय अर्थात पौन्नैया, पिल्लै तथा उनके बंधुओं को है| 20वीं शताब्दी में रवीन्द्रनाथ टैगोर, उदयशंकर और मेनका जैसे कलाकारों के संरक्षण में यह नाट्यकला पुनर्जीवित हुई थी|

प्रेरक उद्धरण

शिक्षा का कार्य गहराई से और गंभीर रूप से सोचना एवं सीखना है। बुद्धिमत्ता के साथ चरित्र – यही सच्ची शिक्षा का लक्ष्य है।

मार्टिन लूथर किंग जूनियर

13

सोशल मीडिया

सोशल मीडिया बच्चों को विकसित और विकसित करने में मदद करने के लिए एक सकारात्मक उपकरण हो सकता है लेकिन यह युवा लोगों के भावनात्मक और मानसिक स्वास्थ्य को भी प्रभावित कर सकता है। सोशल मीडिया ने नाटकीय रूप से हमारे संचार करने के तरीके को बदल दिया है, और इसके बहुत सारे लाभ हैं। हमारे पास असीमित जानकारी तक पहुंच है, हम लगभग तुरंत ही दुनिया भर के लोगों के साथ जुड़ सकते हैं और हम उन अन्य चीजों के साथ साझा कर सकते हैं जो हमारे लिए मायने रखती हैं।लोगों को कार्रवाई करने और सामाजिक परिवर्तन करने के लिए प्रेरित करने के संदर्भ में सोशल मीडिया भी एक शक्तिशाली उपकरण है। यह युवा लोगों की आवाज़ों को सुनने के लिए एक मंच प्रदान करता है जिससे उन्हें उन मुद्दों पर एक बात कहने की अनुमति मिलती है जो उनके लिए मायने रखते हैं।

सोशल मीडिया युवाओ के मानसिक स्तर पर कैसे हानि पहुँचाता है इसकी जानकारी **सांद्रा** बता रही है| ऑनलाइन दुनिया में युवाओं को नई अवधारणाओं का पता लगाने, जोखिमों का प्रबंधन करने और लचीलापन बनाने में मदद करने की क्षमता है। हालाँकि, क्योंकि सोशल मीडिया इतनी तेज़ी से विकसित हुआ है और इसका सामाजिक तंतुओं और पारस्परिक संबंधों पर गहरा प्रभाव है, यह युवा लोगों के

भावनात्मक और मानसिक स्वास्थ्य पर संभावित प्रभावों का पता लगाने के लिए महत्वपूर्ण है। भारी उपयोग शारीरिक भलाई पर नकारात्मक प्रभाव डाल सकता है जो बदले में मानसिक स्वास्थ्य को प्रभावित कर सकता है। यह विशेष रूप से प्रासंगिक है जब नींद की गड़बड़ी की बात आती है।

कई अध्ययनों ने नींद की कठिनाइयों को स्क्रीन टाइम से जोड़ा है।चाहे वह नींद की गुणवत्ता और मात्रा को प्रभावित करने वाली स्क्रीन की नीली रोशनी हो या फिर मानसिक रूप से स्वस्थ होने पर नींद कम होने की वजह से युवा लोगों को अपने फोन की जांच के लिए जागृत करना एक महत्वपूर्ण मुद्दा है। विकासशील मस्तिष्क के लिए नींद महत्वपूर्ण है, और नींद की कमी कम मूड और अवसाद से जुड़ी है। सोशल मीडिया के लिए कई लाभ हैं, माता-पिता के रूप में यह महत्वपूर्ण है कि हम अपने बच्चों के साथ स्वस्थ तरीके से इसका उपयोग करने के महत्व पर चर्चा करें।

हमें इस बारे में बात करने की आवश्यकता है कि यह कैसे नींद को प्रभावित करने की क्षमता रखता है और इसलिए उनका स्वास्थ्य और इसके माध्यम से उन्हें रात में 'स्विच ऑफ' करने के बारे में अधिक सूचित विकल्प बनाने में मदद मिलती है| यह वह है जहां हम अन्य लोगों के चित्रों और जीवन को देखते हैं और उनकी तुलना हमारे खुद से करते हैं, और यह बुरा है हमारा मानसिक स्वास्थ्य। भारी उपयोग शारीरिक भलाई पर नकारात्मक प्रभाव डाल सकता है जो बदले में मानसिक स्वास्थ्य को प्रभावित कर सकता है।

प्रेरक उद्धरण

किसी भी कार्य करने के लिए तुरन्त उठो, जागो और तब तक नही रुकना जब तक लक्ष्य हासिल न हो जाए|

स्वामी विवेकानन्द

ॐ

14

युवा पीढ़ी एवं नशा

भारत की आज की युवा पीढ़ी नशे की बुरी हालत पर हावी हो गए हैं | इसके सम्बन्ध में दसवीं कक्षा के संजय का कथन देखिये, किसी भी देश का भविष्य और देश की तरक्की देश के युवाओं पर टिकी होती है। देश की युवा पीढ़ी अगर गलत रास्ते चले जाए तो निश्चित तौर पर उनका जीवन अंधकार में चला जाता है। देश का युवा वर्ग को ज़िन्दगी के हर पहलु को जीने की इच्छा होती है। युवा वर्ग नशे को अपनी शान समझते है। युवा वर्ग शराब, गुटखा, तम्बाकू, बीड़ी, सिगरेट का नशा करते है। उनकी जश्न की पार्टी नशे के बगैर अधूरी है।

आजकल युवा वर्ग और कई व्यस्क लोग भी सिगरेट या शराब का सेवन करते हुए नज़र आते है। उन्हें यह समझ नहीं आता की यह उनके लिए आगे चलकर हानिकारक और जानलेवा साबित हो सकती है। युवा वर्ग के लिए नशा एक फैशन बन गया है।भारत में शराब और सिगरेट के निर्यात की वजह से करोड़ो रुपये मिलते है। लेकिन फिर भी सिगरेट के पैकेट्स पर "नो स्मोकिंग " लिखा रहता है। फिर भी रोज 17 साल के लड़की और लड़के इसका भरपूर सेवन करते है। धूम्रपान या शराब का सेवन स्वस्थ के लिए हानिकारक होता है। यह जानकार भी लोग इसका सेवन करने से बाज़ नहीं आते। तम्बाकू, खैनी और गुटखा से माउथ कैंसर हो सकता है। कई सार्वजनिक जगहों पर धूम्रपान करना मना होता है। मगर कुछ

मनचले लोग किसी की सुनते नहीं है।नशे से मानसिक, सामाजिक और पारिवारिक स्तर पर बुरा असर पड़ता है। कुछ लोग नशा करके घर पर आकर अपनी पत्नी से मार- पीठ करते है। यह घिनौना अपराध है। नशा करके सड़क पर गाड़ी चलने से दुर्घटना हो सकती है और होती भी है। कम उम्र में नशा करने से आगे चलकर जीवन में कई कठिनाइयों का सामना करना पड़ सकता है। इससे परिवार में अशांति का निवास रहता है।

नशा करने वाला व्यक्ति के पास आर्थिक तंगी हो जाती है। नशे की लत के कारण व्यक्ति अपनी आर्थिक सम्पति लुटा देता है, नशा करके समाज और कार्य स्थल पर तमाशे करता है जिससे उसकी इज़्ज़त पर आघात हो जाता है।नशे की शुरुआत पहले मज़े और मित्रों के साथ जश्न से होती है। धीरे – धीरे इंसान नशे की अन्धकार जाल में फंसता चला जाता है और अंततः उससे कभी निकल नहीं पता। वह अपने जीवन के सारे लक्ष्य को भूलकर एक नसेड़ी जीवन की तरफ अग्रसर हो जाता है। नशे के कारण इंसान सही और गलत का फर्क भूल जाता है और अपने परिवार से मानसिक और जज़्बाती तौर पर कोसों दूर चला जाता है। जो लोग नशे की लत में पड़ जाते है, उन्हें लगता है की नशा करके उनके सारे दुखों पर पूर्णविराम लग जायेगा। लेकिन वास्तविक में यह सोच अत्यंत गलत है। लोग अपने दुखो को भुलाने के लिए शराब का सहारा लेते है जिसमे न उनका भला होता है न परिवार का न समाज का। अत्यधिक शराब के सेवन से इंसान का लिवर ख़राब हो सकता है और सिगरेट, तम्बाकू से कैंसर जैसी भयानक बीमारियां उत्पन्न होता है। ज़िन्दगी में मनुष्य को खुशियां और ज्ञान बाटना चाहिए न की नशा। हेरोइन और कई तरह के ड्रग्स इंसान को मानसिक, शारीरिक और आर्थिक रूप से कंगाल बना देता है।

अभी कई तरह के नशा मुक्ति सेंटर है जो नशे से पीड़ित लोगों का चिकित्सा करते है। कई लोग इन नशा मुक्ति सेंटर में आकर नशे की लत का त्याग कर चुके है जो काफी अच्छी बात है। डॉक्टर्स मरीज़ को नशा जैसे शराब और सिगरेट से आजीवन दूर रहने की सलाह देते है। लोगों

को अपनी इन्द्रियों पर नियंत्रण रखना होगा ताकि वह नशे जैसी चीज़ों से बाहर निकलकर अपने लिए और अपनों के लिए एक नए भविष्य का निर्माण कर सके।भारतीय सरकार ने नशा मुक्ति से राहत पाने के लिए कई नशा मुक्ति केंद्र की स्थापना की है। जो व्यक्ति अवैध रूप से नशे की तश्करी या नशीले पदार्थ बेचते हुए पाया गया उसे जेल हो सकती है और उसके खिलाफ मुकदमा चलाया जा सकता है। ज़िन्दगी सिगरेट के धुएं से नहीं बल्कि अच्छे सुविचारों, सुशिक्षा और स्वंग नियंत्रण से चलती है। नशा किसी भी मनुष्य की ज़िन्दगी को तबाह करने में सक्षम है। मनुष्य को खुद पर नियंत्रण रखने की आवश्यकता है।

भारतीय सरकार ने नशा मुक्ति से राहत पाने के लिए कई नशा मुक्ति केंद्र की स्थापना की है। जो व्यक्ति अवैध रूप से नशे की तश्करी या नशीले पदार्थ बेचते हुए पाया गया उसे जेल हो सकती है और उसके खिलाफ मुकदमा चलाया जा सकता है। ज़िन्दगी सिगरेट के धुएं से नहीं बल्कि अच्छे सुविचारों, सुशिक्षा और स्वंग नियंत्रण से चलती है। नशा किसी भी मनुष्य की ज़िन्दगी को तबाह करने में सक्षम है। मनुष्य को खुद पर नियंत्रण रखने की आवश्यकता है।जैसा कि हम सभी जानते हैं कि, हम विज्ञान और तकनीकी के समय में रह रहे हैं। हम सभी का जीवन वैज्ञानिक आविष्कारों और आधुनिक समय की तकनीकों पर बहुत अधिक निर्भर है। विज्ञान और प्रौद्योगिकी ने लोगों के जीवन को बड़े स्तर पर प्रभावित किया है। इसने जीवन को आसान, सरल और तेज बना दिया है। नए युग में, विज्ञान के विकास ने हमें बैलगाड़ी की सवारी से हवाई यात्रा की सुविधा तक पहुंचा दिया है।

प्रेरक उद्धरण

पुस्तकें वो साधन हैं जिनके माध्यम से हम विभिन्न
संस्कृतियों के बीच पुल का निर्माण कर सकते हैं।

सर्वपल्ली राधाकृष्णन

15

बेटा-बेटी के भेदभाव

समाज में बेटा-बेटी के भेदभाव की बड़ी वजह अशिक्षा और जागरूकता की कमी है, लेकिन मेरा मानना है की इस भेदभाव की वजह सिर्फ यही नहीं है। भारत में बेटा - बेटी के भेदभाव के अनेक कारण आठवीं कक्षा की **निमिषा देवराज** कहती हैं, पढ़े -लिखे लोग ही यह भेदभाव करते हैं। दहेज प्रथा, भ्रूण हत्या जैसी कुरीतियां शिक्षित घरों में भी हैं। समाज में लड़का-लड़की को लेकर भेदभाव अब भी बरकरार है।आज के इस युग में इस बात पर जोर दिया जाता है कि लड़का-लड़की एक समान है| दोनों को शिक्षा, सुरक्षा एवं अन्य सभी अधिकार समान रूप से मिले हुए हैं|आज़ादी के बाद ही हमारे संविधान निर्माताओं ने इस बात को सुनिश्चित किया था कि किसी के साथ भी धर्म, जाति और लिंग के आधार पर भेदभाव नहीं किया जायेगा | लेकिन इसके बावजूद आज भी हमारे समाज में यह सारी बुराइयां मौजूद हैं| महिलाएं सबसे अधिक भेदभाव का शिकार होती हैं|

कई अवसरों पर लड़कियों ने यह साबित किया है कि वह देश के किसी भी क्षेत्र में और किसी भी क्षेत्र में लड़कों की ही तरह काम कर सकती हैं और अपने आप को कामयाब बना सकती हैं, लेकिन इसके बावजूद भारतीय ग्रामीण समाज में लड़का और लड़की के बीच भेद किया जाता है|जहां लड़के और लड़कियों के बीच अंतर किया जाता है, लड़कियों की तुलना

में लड़कों को आगे बढ़ने के लिए प्रोत्साहित किया जाता है| लड़कों को घर के काम से लेकर बाहर काम करने तक में प्राथमिकता दी जाती है| उसके जन्म पर खूब उत्साह मनाया जाता है और मान-सम्मान किया जाता है| वह समाज लड़कियों के जन्म को अभिशाप समझता है| उसके जन्म के बाद से ही समाज उसके मां-बाप को उसकी शिक्षा पर खर्च करने की जगह दहेज़ का सामान जुटाने की सलाह देता है| कुछ घरों में तो लड़कियों को स्कूल तक नहीं भेजा जाता है. लेकिन किसी ने 12वी तक पढ़ाई की भी है, अगर वह उच्च शिक्षा के लिए कॉलेज में पढ़ना भी चाहती है तो उसे पढ़ने नहीं दिया जाता है और उसकी शादी करवा दी जाती है| यदि कोई जागरूक माता-पिता अपनी लड़की को 12वीं के बाद आगे पढ़ाने की सोचते भी हैं तो समाज उन्हें ताने देकर ऐसा नहीं करने के लिए मजबूर कर देता है | जबकि अगर लड़कियों को पढ़ाया जाए तो वह भी बहुत आगे बढ़ सकती हैं और हर उस क्षेत्र में अपनी कामयाबी के झंडे गाड़ सकती हैं, जिसे पहले केवल लड़कों के लिए ही ख़ास माना जाता था|

विकास की ढेरों योजनाओं के बाद भी हमारा समाज इसलिए भी पीछे रह जाता है क्योंकि इसमें जागरूकता का अभाव है | यदि समाज को शिक्षित बनाना है तो पहले उसे जागरूक बनाना होगा क्योंकि यही वह माध्यम है जो न केवल शिक्षा की महत्ता को समझता है बल्कि लड़के और लड़कियों को समान अवसर भी प्रदान करता है|

लड़कियों के भेद -भाव के सम्बन्ध में नौफिया कहती है कि समाज में लड़कियों के खिलाफ हो रहे भेदभाव में सबसे अधिक जिम्मेदार स्वयं माता पिता व परिवार है जहां पुत्र जन्म में उत्सव मनाया जाता है वहीं पुत्री के जन्म में एसे व्यवहार किया जाता है कि मां से बहुत बड़ी गलती हुवी हो।समाज में भी एसे ब्यवहार होता है कि लडकी को पडाने से क्या हासिल होगा उसे तो शादी कर दूसरे घर ही तो जाना है।यदि कोई भी पढ़ा लेता है तो शादी के वक्त वर पक्ष यहाँ समझ लेता है कि उस कन्या को पढ़ाने में इतना खर्च किया है तो विवाह में इससे ज्यादा खर्च किया जायेगा समाज में हर वक्त कन्या पक्ष को ही कमजोर माना गया है।एसी

स्थिति में सरकार द्वारा कन्या उत्पन्न करने वाले दम्पति को सुरक्षा कवच दिया जाना चहिये केन्द्र सरकार के नियमों व सुविधाओं को राज्यों को पालन करना अनिवार्य होना चाहिये।

उत्तर भारत में यह आम है लडके के लिए हर मांग पूरी करने की कोशिश और लड़की के लिए अभाव का रोना। लडके को दूध और लड़की बेचारी शुरू से नहीं पीती तो बाद में अच्छा नहीं लगता। लड़की दिनभर मां का हाथ बटाएऔर लडको को मोबाइल गेम जरुरी होता है। लड़की काम भी करे डाट भी खाए और लडकाउस से कुछ कहना ही गुनाह है। पहनने-ओढ़ने में भी यही भेद भाव रहता है एकाध जगह हो तो बताया जाय पग - पग पर यह देखने मिलता है।लड़का और लड़की सामाजिक और कानूनी रूप से एक जैसे ही हैं। एक बेहतर समाज बनाने के लिए लड़कों की उतनी ही जरूरत होती है, जितनी की लड़कियों की, लेकिन एक बेहतर समाज की गठन में बेहतर सोच रखने वाले इंसानों की काफी ज्यादा जरूरत रहती है। इस आधुनिक युग में लड़का और लड़की में कोई अंतर नहीं है। दोनों ही एक दूसरे को कांटे की टक्कर देने में सक्षम हैं। लड़कियां कई क्षेत्र में सफलता हासिल की हैं। लडकियां समाज की शान मानी जाती हैं| "बेटी बचाओ, बेटी पढ़ाओ" आंदोलन से कुछ लाभ हो रहा है या नहीं यह तो मैं नहीं कह सकता, हाँ इस वज़ह से समाज कई के प्रभावशाली काले कारनामें जरूर सामने आ रहें हैं|

बेटियों को वाकई बचाने की जरुरत हैं क्योंकि हमारा समाज पुरुष प्रधान समाज हैं जहाँ स्त्री की हम पूजा भले ही करे उसे देवी स्वरुप बताये पर व्यवहार में स्त्री का दर्जा दोयम ही हैं| हमारे देश में कई राज्य जो की कन्या भ्रूण हत्या के लिए बदनाम हैं | बाकि देश में भी कुछ अपवादों को छोड़ दे तो लड़कियों की स्थिति कोई अच्छी नहीं कही जा सकती|

नौवीं कक्षा की भव्या के मन में अनेक सवाल हैं भारत में ज्यादातर लोग बेटी के वजाय हमेशा भगवान से बेटे होने की दुआ क्यों करते हैं?क्यों आप अपने घर में बेटे और बेटियों में कोई भेदभाव करते हैं या उन्हें हर

चीज में समान ही समझते हैं?क्यों कुछ लोग बेटियों से ज़्यादा प्यार बेटों को देते हैं?क्या मां, बेटी और बेटा में भेदभाव कर सकती है? क्या बेटों की खुशी के लिए बेटियों के साथ अन्याय कर सकती है?लोग अकसर 'बेटी' को 'बेटा' कहते हैं लेकिन 'बेटा' को 'बेटी' नहीं,क्या सबसे बड़ा भेदभाव यही हैं? भारतीय माता पिता अपनी बेटी को बेटा क्यों कहते हैं? अत: लड़कियों को भी दुनिया की परवाह किए बिना आगे बढ़ना चाहिए और अत्याचारों का विरोध कर सभी सामाजिक बुराइयों का अंत करना चाहिए, ताकि एक उत्तम समाज का निर्माण हो सके। रुचिका, छात्रा। समाज में लैंगिक भिन्नता के कारण जो भेदभाव किया जाता है वह भी समाज और राष्ट्र की उन्नति में एक बड़ी बाधा है|

प्रेरक उद्धरण

"शिक्षा जीवन में सफलता की कुंजी है, और शिक्षक अपने छात्रों के जीवन पर स्थायी प्रभाव डालते हैं जिससे वह अपने जीवन में सफल होते हैं"

सोलोमन ऑर्टिज़

༄

16

महिलाओं के प्रति अपराध

महिलाओं के प्रति अपराध को कम करने के लिए जो कानून बनाये गए हैं जिनके सम्बन्ध में दसवीं कक्षा की **ऐश्वर्या** कुछ बातें बताती है| महिला विद्यार्थियों की रक्षा और सुरक्षा सुनिश्चित करने के लिए स्कूलों/कालेजों में व्यतिक्रम पर नजर रखने के लिए अपराध संभावित क्षेत्रों का पता लगाया जाना चाहिए और एक तंत्र बनाया जाना चाहिए। पुलिस अवसंरचना से पूरी तरह सज्जित पर्याप्त मात्रा में महिला पुलिस अधिकारियों की तैनाती ऐसे क्षेत्रों में की जानी चाहिए।

महिलाओं के प्रति अपराध के सभी मामलों में प्राथमिकी दर्ज करने में किसी भी तरह का विलम्ब नहीं होना चाहिए। प्राथमिकी में नामित सभी अभियुक्तों को पकड़ने के पूरे प्रयास किए जाने चाहिए ताकि पीड़ितों और उनके परिवार के सदस्यों में विश्वास पैदा किया जा सके।मामलों की पूरी जांच-पड़ताल की जानी चाहिए और जांच-पड़ताल की गुणवत्ता के साथ समझौता किए बगैर घटना घटित होने की तारीख से तीन माह के अंदर अभियुक्तों के विरुद्ध आरोप पत्र दायर किए जाने चाहिए। बलात्कार के पीड़ितों की अविलंब चिकित्सा जांच की जानी चाहिए।महिलाओं के प्रति अपराध प्रकोष्ठों के हेल्प-लाइन नम्बरों को

बड़े-बड़े अंकों में अस्पतालों/स्कूलों/कालेजों के परिसरों और अन्य उपयुक्त स्थानों पर प्रदर्शित किया जाना चाहिए।पुलिस स्टेशनों में महिला पुलिस प्रकोष्ठ और पृथक रूप से महिला पुलिस स्टेशन, आवश्यकतानुसार स्थापित किए जाने चाहिए।

जिन पुलिस पदाधिकारियों को महिलाओं की रक्षा करने की जिम्मेदारी सौंपी गई है उन्हें पर्याप्त रूप से सुग्राही बनाया जाना चाहिए।महिलाओं के प्रति अत्याचार से संबंधित मामलों पर कार्रवाई करने वाले पुलिस कार्मिकों को विशेष कानूनों में पर्याप्त रूप से प्रशिक्षित किया जाना चाहिए। प्रवर्तन पहलू पर पर्याप्त रूप से जोर दिया जाना चाहिए ताकि इसे सुचारु बनाया जा सके।राज्य पुलिस बल में व्यापक रूप से महिला पुलिस पदाधिकारियों की भर्ती की जानी चाहिए।महिलाओं के हित संबंधी कार्य करने वाली पुलिस और एनजीओ के बीच निकट समन्वय सुनिश्चित किया जाना चाहिए।स्थानीय पुलिस को प्रभावित क्षेत्र और विशेष रूप से समाज के कमजोर वर्गों के स्थानीय क्षेत्रों में गश्त लगाने की व्यवस्था करनी चाहिए। डीएम और एसपी के आवधिक दौरों से इन वर्गों के लोगों में रक्षा और सुरक्षा की भावना उत्पन्न होगी।

अपराध के सदमे से उबरने के लिए पीड़ितों के साथ-साथ उनके परिवार को पेशेवर परामर्शदाताओं के माध्यम से परामर्श दिए जाने की जरुरत है। भारत सरकार ने महिलाओं को कई अधिकार दिए हैं| महिलाओं से जुड़े कुछ अधिकारों के सम्बन्ध में नौवीं कक्षा की नंदना परिचय देती है लैंगिक समानता हो या नौकरी में पुरुषों के बराबर की हिस्सेदारी, गरिमा और शालीनता से जीने का अधिकार हो या ऑफिस-दफ्तर में उत्पीड़न से सुरक्षा, महिलाओं से जुड़े ऐसे कई अधिकार हैं जिनके बारे में हमें जरूर जानना चाहिए|

भारतीय संविधान की धारा 498 के अंतर्गत पत्नी, महिला लिव-इन पार्टनर या किसी घर में रहने वाली महिला को घरेलू हिंसा के खिलाफ आवाज उठाने का अधिकार मिला है. पति, मेल लिव इन पार्टनर या

रिश्तेदार अपने परिवार के महिलाओं के खिलाफ जुबानी, आर्थिक, जज्बाती या यौन हिंसा नहीं कर सकते| आरोपी को 3 साल गैर-जमानती कारावास की सजा हो सकती है या जुर्माना भरना पड़ सकता है| किसी महिला की निजता की सुरक्षा का अधिकार हमारे कानून में दर्ज है. अगर कोई महिला यौन उत्पीड़न का शिकार हुई है तो वह अकेले डिस्ट्रिक्ट मजिस्ट्रेट के सामने बयान दर्ज करा सकती है| किसी महिला पुलिस अधिकारी की मौजूदगी में बयान दे सकती है| अगर कोई किसी महिला को आत्महत्या के लिए उकसाता है तो धारा 306 के तहत उस पर कानूनी कार्रवाई की जा सकती है| ऐसे अपराध की सजा 10 साल तक हो सकती है| किसी महिला का अपमान और उसकी मर्यादा पर प्रहार करना भी कानूनन अपराध है| महिला सम्बंधित अपराध महिलाओं से सम्बंधित अपराधों की श्रेणी में उनके शारीरिक, मानसिक, आर्थिक, यौन एवं भावनात्मक उत्पीड़न/ शोषण से सम्बंधित अपराध प्रायः भारतीय समाज में देखे जाते हैं। महिलाओं पर होने वाले अपराध चैंकाने वाले हैं।

प्रेरक उद्धरण

"अगर तुम सूरज की तरह चमकना चाहते हो तो तुम्हें
पहले सूरज की तरह जलना होगा"

डॉ० ए० पी० जे अब्दुल कलाम

17

फास्ट फ़ूड

युवाओं और बच्चों में पिछले कुछ वक्त में फास्ट फूड का क्रेज बहुत अधिक देखने को मिला है| आपको बर्गर, पिज़्ज़ा फ्रेंच फ्राइज और चाउमीन की दुकानों पर युवाओं और बच्चों की भीड़ खड़ी दिख जाएगी| बच्चों से लेकर बड़ों तक आजकल सभी को स्वादिष्ट भोजन चाहिए| खासकर युवाओं और बच्चों में पिछले कुछ वक्त में फास्ट फूड का क्रेज बहुत अधिक देखने को मिला है| आपको बर्गर, पिज़्ज़ा फ्रेंच फ्राइज और चाउमीन की दुकानों पर युवाओं और बच्चों की भीड़ खड़ी दिख जाएगी| आजकल लोग घरों में भी फास्ट फूड बनाना काफी पसंद करते हैं| इसके पीछे वजह है कि यह खाने मे स्वादिष्ट तो होते ही हैं, साथ ही यह जल्दी भी बन जाते हैं| अधिकतर लोग इसके नुकसान को जानते हुए भी अनदेखा कर देते हैं| केवल बाजार मे बिकने वाले फास्ट फूड को जंक फूड नहीं कहा जा सकता| कुछ इंडियन फूड भी जंक फूड की लिस्ट में आते हैं जैसे छोले, छोले भट्टूरे, पकौड़े आदि| अधिक मात्रा में इसका सेवन आपके स्वास्थ्य पर बुरा प्रभाव डाल सकता है|

इसके नुकसान क्या - क्या होते हैं हमें नौवीं कक्षा के हातिम इस्माईल बतायेंगे| फास्ट फ़ूड को समूह से दूर करना चाहिए| भारत में इसकी मांग बढ़ रही है| आज की युवा पीढ़ी इसका शिकार हो रहे हैं| फास्ट फूड के अधिक सेवन से मोटापा, अस्थमा, सर दर्द, दांतों में कैविटी, हाई

ब्लडप्रेशर और कई स्वास्थ्य संबंधित समस्याएं हो सकती हैं| फास्ट फूड के शौकीन अकसर इन चीजों को अनदेखा कर देते है| जो उनके स्वास्थ्य के लिये घातक साबित हो सकता है| फास्ट फूड का अधिक सेवन खराब कोलेस्ट्रॉल को बढ़ाता है और अच्छे कोलेस्ट्राल को कम करता है, जिससे दिल की बीमारियां होने का खतरा बढ़ जाता है| जंक फूड ने अपने अच्छे स्वाद और आसानी से पकने के कारण बहुत अधिक लोकप्रियता हासिल कर ली है| बहुत से लोग अपनी व्यस्त दिनचर्या या भोजन पकाने का समय ना मिलने के कारण इनका सेवन करना काफी पसंद करते हैं| लेकिन ऐसे लोगों को हमेशा ध्यान रखना चाहिए कि जरुरत से अधिक फास्ट फूड का सेवन करके वह अपने स्वास्थ्य के साथ खिलवाड़ कर रहे हैं| मोटापे का कारण जो लोग पहले से ही हेल्दी हैं उनके फास्ट फूड का सेवन बिल्कुल बंद कर देना चाहिए|

अधिक मात्रा में फास्ट फूड का सेवन वजन बढ़ने का कारण बन सकता है| हफ्ते में कभी-कभी फास्ट फूड खाने से कोई परेशानी नहीं होती है लेकिन रोजाना इसके सेवन से आपके स्वास्थ्य पर बुरा प्रभाव पड़ सकता है| जंक फूड शब्द का अर्थ उस भोजन से है, जो स्वस्थ शरीर के लिए बिल्कुल भी अच्छा नहीं होता है| इसमें पोषण की कमी होती है और इसके साथ ही यह शरीर के लिए भी हानिकारक होता है। ज्यादातर जंक फूड उच्च स्तर पर वसा, शुगर, लवणता, और बुरे कोलेस्ट्रॉल से परिपूर्ण होते हैं, जो स्वास्थ्य के लिए जहर होते हैं।

आजकल लोगो में जंक फूड खाने का प्रचलन बहुत बढ़ चूका है। आजकल सभी लोग जंक फूड खाना पसंद करते है। लोगो को दाल, चावल, रोटी और सब्ज़ी खाना पसंद नहीं है। लोग पौष्टिक आहारों की अवहेलना कर जंक फूड खाना पसंद करते है। जंक फूड खाना सेहत के लिए अच्छा नहीं होता है।पिज़्ज़ा, बर्गर, फ्रेंच फ्राइज, चाईनीज़ खाना इस तरह का भोजन लोग रेस्टोरेंट और होटलो में खांते है। दिन प्रतिदिन जंक फूड खाने की मांग बढ़ती जा रही है। अच्छा स्वास्थ्य जीवन के लिए महत्वपूर्ण होता है। अगर इसी तरह से लोग जंक फूड का सेवन करते रहे, तो वह अच्छी

सेहत के साथ जिन्दगी नहीं बीता कभी कभी खाना ठीक है, लेकिन प्रतिदिन जंक फूड के प्रति जो लोगो का पागलपन है, वह ठीक नहीं है। अच्छे स्वास्थ्य के लिए संतुलित आहार खाना ज़रूरी होता है। बच्चे हो या बड़े सभी को जंक फूड बेहद पसंद है। स्वास्थ्य की दृष्टि से जंक फूड बिलकुल अच्छा नहीं है।लगातार जंक फूड खाने से कई तरह की बीमारियां हो सकती है। हृदय रोग, कैंसर, रक्त चाप की समस्या, हड्डी से संबंधित समस्याएं, समय से अधिक उम्र का लगना, लीवर से जुड़ी बीमारियां, मधुमेह और पाचन तंत्र की समस्या इत्यादि बीमारियां जंक फूड को निरंतर खाने से होती है। पाएंगे। युवा अवस्था से ही व्यक्ति को संतुलित आहार खाना चाहिए। दसवीं कक्षा की **नीरज** कहते है कि जंक फुड की जाल में आजकल की युवा पीढ़ी पूरी तरह फँस चुके हैं| लेकिन आजकल के युवा भी जंक फूड के आदि बनते जा रहे है। बच्चो को खासकर यह समझाने की ज़रूरत है कि जंक फूड सेहत के लिए अच्छा नहीं है। स्कूल और कॉलेज में जंक फूड के विषय में विद्यार्थियों को जागरूक करने के लिए प्रतियोगिता आयोजित करवानी चाहिए। बच्चे हमेशा अपने माता पिता से जंक फूड खिलाने की जिद्द करते है, जो बिलकुल सही नहीं है।

माता पिता को हमेशा बच्चो के खाने के प्रति ध्यान देना चाहिए। पौष्टिक और संतुलित भोजन बच्चो को ज़्यादा खिलाना चाहिए। अभिभावकों को जंक फूड खाने से जो नुकसान होता है, उसके विषय में अपने बच्चो को समझाना चाहिए। उन्हें स्वास्थ्यवर्धक भोजन और जंक फूड के बीच के अंतर के विषय में समझाना चाहिए। जंक फूड कभी कभी खाने से ज़्यादा कुछ नहीं होता है। मगर जंक फूड को अपनी आदत बना लेना गलत है। लोग पार्टियों में, जन्मदिन में जंक फूड खाते है। शादियों में अक्सर लोग कोल्ड ड्रिंक, चिप्स, नूडल्स, बर्गर इत्यादि का मज़ा लेते है और अपने सेहत पर ध्यान नहीं देते है। जंक फूड सस्ता और स्वादिष्ट होता है और यही वजह है की लोग जंक फूड के दीवाने है।

जंक फूड में कोई पौष्टिक तत्व नहीं होते है। घर पर बनी पौष्टिक दाल,

सब्ज़ी, रोटी और दूध जैसे आहारों से लोग ऊब जाते है और जंक फूड पर निर्भर हो जाते है, जो स्वास्थ्य के लिए अच्छे नहीं होते है। हमे खुद इस आदत पर अंकुश लगाना चाहिए और अच्छा घर का पौष्टिक भोजन खाने की आदत डालनी चाहिए। जंक फूड शब्द का अर्थ उस भोजन से है, जो स्वस्थ शरीर के लिए बिल्कुल भी अच्छा नहीं होता है। दसवीं कक्षा की दसवीं कक्षा के **इस्माइल** कहते है कि जंक फुड की जाल से आजकल की युवा पीढ़ी को पूरी तरह से मुक्त करना है| भारत सरकार इसकी ओर ध्यान देना चाहिए| क्योंकि भारत के युवा हमारे देश की भविष्य है| इसमें पोषण की कमी होती है और इसके साथ ही यह शरीर के लिए भी हानिकारक होता है। ज्यादातर जंक फूड उच्च स्तर पर वसा, शुगर, लवणता और बुरे कोलेस्ट्रॉल से परिपूर्ण होते हैं, जो स्वास्थ्य के लिए जहर होते हैं। इनमें पोषक तत्वों की कमी होती है इसलिए आसानी से कब्ज और अन्य पाचन संबंधी बीमारियों का कारण बनते हैं। जंक फूड ने अच्छे स्वाद और आसानी से पकने के कारण बहुत अधिक प्रसिद्धि प्राप्त कर ली है। बाजार में पहले से ही निर्मित जंक फूड पॉलिथीन में पैक होकर उपलब्ध हैं। बहुत से लोग अपनी व्यस्त दिनचर्या या भोजन पकाने की अज्ञानता के कारण इस तरह, के पैक किए गए जंक फूड पर निर्भर रहते हैं।

जंक फूड बहुत तैलीय होते हैं और उनमें पोषक तत्वों की काफी कमी होती है। इस कारण से उन्हें पचाने में कठिनाई होती है और इसके साथ ही इनके पाचक क्रिया के लिए शरीर में काफी अधिक ऊर्जा की आवश्यकता होती है और व्यक्ति के शरीर में ऑक्सीजन स्तर में कमी करते हैं, जिससे मस्तिष्क का उचित विकास नहीं होता। जंक फूड में बुरे कॉलेस्ट्रॉल की अधिकता होती है और इसके साथ ही यह शरीर को भी नुकसान पहुँचाने का कार्य करता है। पोषक तत्वों की कमी के कारण पेट तथा अन्य पाचन अंगों में खिंचाव होता है। जिसके कारण कब्ज की समस्या उत्पन्न होती है। जंक फूड खाने के कारण हमें वजन बढ़ना, मोटापा, टायफॉइड, कुपोषण, आदि जैसे रोगों का सामना करना पड़ सकता है।

प्रेरक उद्धरण

"उस शिक्षा का क्या मोल जो हमारे अन्दर गलत को सही करने का जुनून और निडरता पैदा न कर सके"

किरण बेदी

∾

18

कुपोषण

भारत में गरीब आबादी का बड़ा हिस्सा कुपोषण से जूझ रहा है। राष्ट्रीय परिवार स्वास्थ्य सर्वे की रिपोर्ट बताती है कि कुपोषण की वजह से चालीस फीसद बच्चों का तो विकास ही नहीं हो पाता, जबकि साठ फीसद बच्चे औसत वजन से भी कम के होते हैं। दसवीं कक्षा के **कल्याण** के अनुसार भारत की सबसे प्रमुख समस्या कुपोषण भी है| फल और सब्जियां - कम से कम दिन में 5 बार रोटी, चावल, आलू, पास्ता, अनाज और अन्य स्टार्चयुक्त खाद्य पदार्थ दूध और डेयरी खाद्य पदार्थ - जैसे पनीर और दही मांस, मछली, अंडे, बीन्स, नट्स आदि का प्रयोग दैनिक आहार में बढ़ाना चाहिए|

कुपोषण जैसी गंभीर स्थिति तब पैदा होती है जब किसी व्यक्ति के आहार में सही मात्रा में पोषक तत्व नहीं होते हैं। कुपोषण एक आम स्वास्थ्य समस्या हैं।कुपोषण या तो अपर्याप्त आहार या भोजन से पोषक तत्वों को अवशोषित करने में समस्या के कारण होता है। कम गतिशीलता, दीर्घकालिक स्वास्थ्य स्थिति या कम आय सहित इसके कई कारण हो सकते हैं। कुपोषण का सबसे आम लक्षण अनियोजित रूप से वजन का घटना है| अधिक पोषण का मुख्य संकेत अधिक वजन या मोटापा है। हालांकि, कम पोषण पाने वाले लोग भी मोटापे का शिकार हो सकते हैं, यदि वे अधिक कैलोरी, लेकिन अन्य पोषक

तत्वों कि कमी वाला आहार लेते हैं। आपके बच्चे के वजन और शारीरिक विकास का आपके जीवन के पहले कुछ वर्षों में नियमित रूप से आपके डॉक्टर द्वारा मूल्यांकन किया जाना चाहिए। यदि आपको अपने बच्चे के विकास या स्वास्थ्य के बारे में कोई चिंता है तो उनसे बात करें। यदि आपको लगता है कि आप या आपके संपर्क में कोई कुपोषण का शिकार है तो आपको फौरन डॉक्टर से संपर्क करना चाहिए। वह कुपोषण के संकेतों की जांच करेंगे और उन स्थितियों पर ध्यान केंद्रित करेंगे जो कुपोषण का कारण हो सकती हैं।

आपके कुपोषण के कारण और गंभीरता के आधार पर, उपचार घर पर या अस्पताल में किया जा सकता है।कुपोषण से पीड़ित व्यक्तियों के उपचार में सबसे मुख्य है आहार परिवर्तन। यदि आप कुपोषित हैं तो आपके आहार में पोषक तत्वों की खुराक को शामिल किया जाता है। यदि तीन से छह महीनों के भीतर आपके शरीर का 5-10 प्रतिशत वजन कम हो जाए वह भी तब जब आप डायट नहीं कर रहे हैं, तो यह दर्शाता है कि आपको कुपोषण होने का खतरा हो सकता है।

कभी-कभी वजन कम होना स्पष्ट नहीं होता है, क्योंकि यह समय के साथ धीरे-धीरे होता है। आप देख सकते हैं कि आपके कपड़े, बेल्ट और आभूषण धीरे-धीरे ढीले होते जाते हैं। कुपोषण में योगदान करने वाले सामाजिक कारकों में शामिल हैं:अकेले रहना और सामाजिक रूप से अलग-थलग होना, पोषण या खाना पकाने के बारे में सीमित ज्ञान, घटी हुई गतिशीलता ,शराब या नशीली दवाओं पर निर्भरता, कम आय या गरीबी। बच्चों में कुपोषण का पता करने में उनके वजन और ऊंचाई का माप लेना और फिर इसकी तुलना इस उम्र के बच्चों की अपेक्षित औसत ऊंचाई और वजन द्वारा करना शामिल है।कुछ बच्चे औसत से नीचे होंगे क्योंकि वे स्वाभाविक रूप से छोटे होते हैं, लेकिन किसी व्यक्ति के लिए अपेक्षित स्तर से नीचे एक महत्वपूर्ण गिरावट कुपोषण के जोखिम का संकेत दे सकती है।रक्त में प्रोटीन के स्तर को मापने के लिए रक्त परीक्षण का भी उपयोग किया जा सकता है। प्रोटीन का निम्न स्तर

कुपोषण का संकेत हो सकता है।

सातवीं कक्षा की **जिया जइसन** कहती है कि भारत में कुपोषण एक गंभीर समस्या है| व्यक्ति के स्वास्थ को प्रभावित करने वाला सबसे बड़ा कारक शरीर को मिलने वाला पोषण हैं, क्योंकि शरीर को अच्छे स्वास्थ के लिए संतुलित मात्रा में पोषक तत्वों और ऊर्जा की आवश्यकता होती हैं| कुपोषण वह अवस्था है जिसमें पौष्टिक पदार्थ और भोजन, अव्यवस्थित रूप से ग्रहण करने के कारण शरीर को पूरा पोषण नहीं मिल पाता है। चूँकि हम स्वस्थ रहने के लिये भोजन के ज़रिये ऊर्जा और पोषक तत्व प्राप्त करते हैं, लेकिन यदि भोजन में प्रोटीन, कार्बोहाइड्रेट, वसा, विटामिन तथा खनिजों सहित पर्याप्त पोषक तत्व नहीं मिलते हैं तो हम कुपोषण के शिकार हो सकते हैं। कुपोषण तब भी होता है जब किसी व्यक्ति के आहार में पोषक तत्वों की सही मात्रा उपलब्ध नहीं होती है। शरीर को लंबे समय तक संतुलित आहार न मिलने से व्यक्ति की रोग प्रतिरोधक क्षमता पर नकारात्मक प्रभाव पड़ता है, जिसके कारण वह आसानी से किसी भी बीमारी का शिकार हो सकता है।

कुपोषण बच्चों को सबसे अधिक प्रभावित करता है। आँकड़े बताते हैं कि छोटी उम्र के बच्चों की मौत का सबसे बड़ा कारण कुपोषण ही होता है| स्त्रियों में रक्ताल्पता या घेंघा रोग अथवा बच्चों में सूखा रोग या रतौंधी और यहाँ तक कि अंधत्व भी कुपोषण का ही दुष्परिणाम है।कुपोषण का सबसे गंभीर प्रभाव मानव उत्पादकता पर देखने को मिलता है और इसके प्रभाव से मानव उत्पादकता लगभग 10-15 प्रतिशत तक कम हो जाती है, जो कि अंततः देश के आर्थिक विकास में बाधा उत्पन्न करती है। इसमें कोई संदेह नहीं है कि भोजन में पोषक तत्वों की कमी कुपोषण का सबसे प्रमुख कारण है किंतु समाज के एक बड़े हिस्से में इस संबंध में जागरूकता की कमी स्पष्ट तौर पर दिखाई देती है। आवश्यक है कि कुपोषण संबंधी समस्याओं को संबोधित करने के लिये जल्द-से-जल्द आवश्यक कदम उठाए जाएँ|

प्रेरक उद्धरण

"कोई काम शुरू करने से पहले स्वयं से तीन प्रश्न कीजिए मैं यह क्यों कर रहा हूं , इसके परिणाम क्या हो सकते हैं और क्या मैं सफल होगा और जब गहराई से सोचने पर इन प्रश्नों के संतोषजनक उत्तर मिल जाए तभी आगे बढ़े"

चाणक्य

19

परिवहन व्यवस्था

भारत की परिवहन व्यवस्था पर एक नज़र दसवीं कक्षा के सिनान के शब्दों में - अधिकांश उद्योगों में लोगों को उनके निवास स्थान से कार्य स्थल तक लाने ले जाने के लिए परिवहन की अपनी व्यवस्था है। राष्ट्रों को निकट लाने में सहायता : परिवहन से लोगों तथा माल के एक देश से दूसरे देश में आवागमन में सहायता मिलती है। इससे विभिन्न देशों के लोगों में संस्कृति, विचारों और रीति रिवाजों का आदान-प्रदान होता है। भारत में परिवहन में भूमि, जल और वायु द्वारा परिवहन शामिल है। सार्वजनिक परिवहन अधिकांश भारतीय नागरिकों के लिए सड़क परिवहन का प्राथमिक साधन है, और भारत की सार्वजनिक परिवहन प्रणालियाँ दुनिया में सबसे अधिक उपयोग की जाने वाली प्रणालियों में से हैं। प्राचीन काल में लोग लंबी दूरियाँ अधिकतर पैदल तय किया करते थे।

पालकी अमीरों और नवाबों का एक शानदार यात्रा का साधना था। पालकी शब्द संस्कृत 'पालकी' से आया है। तमिल में उसे 'पालाक्कु' कहतें हैं। पुर्तगाली पालकी को 'पालन क्वीम' बुलाते थे और अंग्रेजों उसे 'पालन क्वीन'। पुराने दिनों में इसका प्रमुख उपयोग देवता और मूर्तियों को ले जाना था। धीरे धीरे जमीनदार और राज-घराने के सदस्य भी इसका उपयोग करने लगें। बैलगाड़ियों का उपयोग पारंपरिक रूप से

परवहन साधन के रूप में किया जाता रहा है, मुख्यतः भारत के ग्रामीण क्षेत्रों में। आज भी भारत के नगरों और ग्रामों में बैलगाड़ियां देखी जा सकतीं है।

हाल ही के वर्षों में कुछ नगरों में दिन के समय बैलगाड़ियों और अन्य धीमे चलने वाले वाहनों के चलने पर प्रतिबंध लगाया है। अंग्रेज़ों के आगमन के साथ ही घोड़ा गाड़ियों में बहुत से प्रबलतीव्र सुधार हुए हैं जिन्हें यातायात के लिए प्रारंभिक दिनों से उपयोग में लाया जा रहा है। आज भी, छोटे कस्बों इनका उपयोग किया जाता है और इन्हें तांगा या बग्गी कहा जाता है। मुंबई में पर्यटकों को लुभाने के लिए विक्टोरिया काल की कुछ बग्गीयां अभी भी चलन में हैं लेकिन अब यह बग्गीयां कम ही भारत में पाई जाती हैं।

भारत की अन्य परिवहन व्यवस्था के बारे में मिशाल विवरण देते है| रिक्शे लोकप्रिय हैं और अभी भी भारत के ग्रामों और कई नगरों में चलन में हैं। यह तिपहिया साइकिल से आकार में बड़े होते हैं जिसमें दो या तीन लोग पीछे की ऊँची सीट पर बैठते हैं और एक व्यक्ति आगे की सीट पर बैठकर रिक्शा खिंचता है। इसे चलाने के लिए साइकिल के समान ही पैडल पर बल लगाना पड़ता है। नगरीय क्षेत्रों में अब अधिकतर ऑटो रिक्शा ने इनका स्थान ले लिया है। भारत में साइकिल का अर्थ दोपहिया सड़किल से होता है। यह अभी भी भारत में यातायात का प्रमुख साधन है। पहले से कहीं अधिक संख्या में आज भारत में लोग साइकिल खरीदने में समर्थ हैं| किसी भी देश के सामाजिक एवं आर्थिक विकास में सड़क परिवहन (Road Transport) की महत्वपूर्ण भूमिका होती है, क्योंकि कम एवं मध्यम दूरियों के लिए यह यातायात का सर्वाधिक सुगम व सस्ता साधन है| परिवहन वह साधन होता है जिसकी सहायता से हम व्यक्तियों तथा सामग्री को एक स्थान से दूसरे स्थान तक पहुंचाते हैं। भारतीय परिवहन को तीन भागों में बांटा गया है- 1. स्थल परिवहन 2. जल परिवहन 3. वायु परिवहन सड़क परिवहन के बारे में जानने से पहले हम यह जानने की कोशिश करते हैं कि सड़क कितने प्रकार की होती है।

ऐसी सड़क जो एक राज्य को दूसरे राज्य से जोड़ती है उसे राष्ट्रीय राजमार्ग कहते हैं इसे संक्षेप में NH (National Highway) कहते हैं।वह सड़क जो किसी राज्य की आंतरिक सीमा तक सीमित होती है उसे राजकीय राजमार्ग कहते हैं इसे संक्षेप में SH (State Highway) कहते हैं।ऐसी सड़क जो किसी जिले की आंतरिक सीमा तक सीमित होती है उसे जिला सड़क कहते हैं इसे संक्षेप में DH (District Highway) कहा जाता है।ऐसी सड़क जो किसी गांव की आंतरिक सीमा तक सीमित होती है उसे ग्रामीण सड़क कहते हैं इसे संक्षेप में VH (Village Highway) कहा जाता है। वायु परिवहन यातायात का सबसे तीव्र एवं आधुनिक साधन है। भारत जैसे विशाल देश के लिए यह उपयोगी जरूर है लेकिन संसाधन एवं धन की कमी के कारण इसका पर्याप्त विकास नहीं हो सका है।

प्रेरक उद्धरण

बड़ा सोचो, जल्दी सोचो, आगे सोचो क्योंकि विचारों
पर किसी का अधिकार नहीं है"

धीरूभाई अंबानी

৽

20

जल संकट

भारत में जल का संकट जनजीवन पर गहराता नज़र आ रहा है| भारत की जल समस्या पर आठवीं कक्षा की मुबारक कुछ बाते कहते है| अगर हम अपने देश में क़यामत के दिन यानी उस रोज़ को आने से रोकना चाहते हैं, जब देश में खाना और पानी दोनों ख़त्म हो जाएं, तो हमारे देश में जल संरक्षण के क़दम लागू करने की सख़्त ज़रूरत है| सबसे पहले तो पानी की भारी कमी झेलने वाले उत्तरी-पश्चिमी और मध्य भारत में ज़्यादा सिंचाई मांगने वाली फ़सलों जैसे चावल और गन्ने की खेती बंद होनी चाहिए| किसान दूसरी फ़सलें उगाएं, इसके लिए उन्हें तरह-तरह के प्रोत्साहन दिए जाने चाहिए. ताकि वो ज्वार-बाजरा जैसी फ़सलें उगाएं, जो कम सिंचाई मांगती हैं और जिन पर जलवायु परिवर्तन का असर भी नहीं होता|

इस समय देश की आधी से ज्यादा आबादी भयंकर जल-संकट से गुजर रही है। पानी की समस्या बीते वर्षों में विकराल हो चली है। बहुत कम संख्या में बची झीलें, तालाब और नदियां अपने अस्तित्व को जूझ रही हैं। 2020 में जारी इकोलॉजिकल थ्रेट रजिस्टर की रिपोर्ट के अनुसार आज भारत की लगभग साठ करोड़ जनता पानी की जबर्दस्त किल्लत से जूझ रही है। आबादी के लिहाज से विश्व का दूसरा सबसे बड़ा देश भारत भी जल संकट से जूझ रहा है। यहाँ जल संकट की समस्या विकराल

हो चुकी है। न सिर्फ शहरी क्षेत्रों में बल्कि ग्रामीण अंचलों में भी जल संकट बढ़ा है। वर्तमान में 20 करोड़ भारतीयों को शुद्ध पेयजल उपलब्ध नहीं हो पाता है। उत्तर प्रदेश, मध्य प्रदेश, गुजरात, राजस्थान, हरियाणा, पंजाब, तमिलनाडु और केरल जैसे राज्यों में जहाँ पानी की कमी बढ़ी है, वहीं राज्यों के मध्य पानी से जुड़े विवाद भी गहराए हैं। भूगर्भीय जल का अत्यधिक दोहन होने के कारण धरती की कोख सूख रही है।

जहाँ मीठे पानी का प्रतिशत कम हुआ है वहीं जल की लवणीयता बढ़ने से भी समस्या विकट हुई है। भूगर्भीय जल का अनियंत्रित दोहन तथा इस पर बढ़ती हमारी निर्भरता पारम्परिक जलस्रोतों व जल तकनीकों की उपेक्षा तथा जल संरक्षण और प्रबन्ध की उन्नत व उपयोगी तकनीकों का अभाव, जल शिक्षा का अभाव, भारतीय संविधान में जल के मुद्दे का राज्य सरकारों के अधिकार क्षेत्र में रखा जाना, निवेश की कमी तथा सुचिंतित योजनाओं का अभाव आदि ऐसे अनेक कारण हैं जिसकी वजह से भारत में जल संकट बढ़ा है।

प्रेरक उद्धरण

"महान कार्य को करने का यही तरीका है कि आप उसे
पसंद करें जो आप करना चाहते हैं "

स्टीव जॉब्स

21

पर्यावरण

प्राचीन काल में प्रकृति और मानव के बीच भावनात्मक संबंध था। मानव अत्यंत कृतज्ञ भाव से प्रकृति के उपहारों को ग्रहण करता था। प्रकृति के किसी भी अवयव को क्षति पहुँचाना पाप समझा जाता था। बढ़ती जनसंख्या एवं भौतिक विकास के फलस्वरूप प्रकृति का असीमित दोहन प्रारम्भ हुआ। भूमि से हमने अपार खनिज सम्पदा, डीजल, पेट्रोल आदि निकाल कर धरती की कोख को उजाड़ दिया। वृक्षों को काट-काट कर मानव समाज ने धरती को नग्न कर दिया। वन्य जीवों के प्राकृतवास वनों के कटने के कारण वन्य-जीव बेघर होते गए। असीमित औद्योगीकरण के कारण लगातार जहर उगलती चिमनियों ने वायुमण्डल को विषाक्त एवं निष्प्राण बना दिया। हमारी पावन नदियाँ अब गंदे नाले का रूप ले चुकी हैं। नदियों का जल विशाक्त होने के कारण उसमें रहने वाली मछलियाँ एवं अन्य जलीय जीव तड़प-तड़प कर मर रहे हैं। बढ़ते ध्वनि प्रदूषण से कानों के परदों पर लगातार घातक प्रभाव पड़ रहा है। लगातार घातक रासायनिक उर्वरकों का प्रयोग भूमि को उसरीला बनाता जा रहा है। पृथ्वी पर अम्लीय वर्षा का प्रकोप धीरे-धीरे बढ़ता जा रहा है तथा लगातार तापक्रम बढ़ने से पहाड़ों की बर्फ पिघल रही है जिससे पृथ्वी का अस्तित्व संकटग्रस्त होता जा रहा है। आज का मानव पर्यावरण को प्रदूषित कर रहे हैं।

इसके सम्बन्ध में कुछ बातें नौवीं कक्षा की **वीणा** कहती है - मानव को प्रकृति प्रदत्त एक नि:शुल्क उपहार मिला है और वह है- वायु। यह उपहार सभी जीवों का आधार है। मानव बिना भोजन एवं बिना जल के कुछ समय भले ही व्यतीत कर ले, बिना वायु के वह दस मिनट भी जीवित नहीं रह सकता। यह अत्यंत चिन्ता का विषय है कि प्रकृति प्रदत्त जीवनदायिनी वायु लगातार जहरीली होती जा रही है। आधुनिक युग में उद्योगों की चिमनियों, बढ़ते वाहनों एवं अन्य कारणों से वायुमण्डल में अनेक हानिकारक गैसें मिश्रित हो रही हैं। अत्यधिक वायु प्रदूषण के कारण आसमान अब भूरा दिखाई देता है। विषाक्त वायु को अवशोषित करने वाले वृक्षों के कटान से वायुमण्डल में प्राणवायु ऑक्सीजन की लगातार कमी हो रही है तथा दूषित गैसों का दबाव बढ़ रहा है। वायु प्रदूषण रोकने में वृक्षों का सबसे बड़ा योगदान है। पौधे वायुमण्डलीय कार्बन डाइ ऑक्साइड अवशोषित कर हमें प्राणवायु ऑक्सीजन प्रदान करते हैं। अतः सड़कों, नहर पटरियों तथा रेल लाइन के किनारे तथा उपलब्ध रिक्त भू-भाग पर व्यापक रूप से वृक्ष लगाए जाने चाहिए ताकि हमारी आवश्यकताओं की पूर्ति के साथ-साथ वायुमण्डल भी शुद्ध हो सके।

औद्योगिक क्षेत्रों के निकट हरि पट्टियाँ विकसित की जानी चाहिए जिसमें ऐसे वृक्ष लगाए जायें जो चिमनियों के धुएँ से आसानी से नष्ट न हों तथा घातक गैसों को अवशोषित करने की क्षमता रखते हों। पीपल एवं बरगद आदि का रोपण इस दृष्टि से उपयोगी है। हमारा वायुमण्डल हमारे स्वास्थ्य को सर्वाधिक प्रभावित करता है, इस तथ्य के विपरीत हमने विभिन्न पर्यावरणीय तंत्रों को इस सीमा तक परिवर्तित कर दिया है जिसका परोक्ष दुष्परिणाम हमें स्पष्ट दिखाई देता है। इस स्थिति पर ध्यान न देना आत्महत्या सिद्ध होगा। अतः हम सबको मिलकर इस धरती पर प्रलयकारी परिस्थिति पैदा होने की आशंका को टालने के लिये निरंतर संघर्ष करना होगा। वायु प्रदूषण से उत्पन्न समस्याओं को हम

भले ही रोक तो नहीं सकते, परंतु कुछ विशिष्ट सुरक्षा उपायों से कुछ हद तक पर्यावरण संरक्षण, संतुलन व विकास में योगदान कर सकते हैं।

भारत के ग्रामीण क्षेत्रों में होने वाली बीमारियों का एक मुख्य कारण प्रदूषित जल है। अतिसार, पेचिश, हैजा एवं टायफाइयड आदि दूषित जल के प्रयोग से ही होते हैं। ग्रामीण क्षेत्रों में जल प्रदूषण अधिक मात्रा में है।

जल - प्रदूषण भारत की एक प्रमुख समस्या है, इसके सम्बन्ध में आठवीं कक्षा की मरिया जॉन कहती है कि भारत में बढ़ते जल - प्रदूषण को रोकना हमारा कर्तव्य है | प्रदूषित जल से खेतों में सिंचाई करने पर प्रदूषक तत्व पौधों में प्रवेश कर जाते हैं। इन पौधों अथवा इनके फलों को खाने से अनेक भयंकर बीमारियाँ उत्पन्न हो जाती हैं। मनुष्य द्वारा पृथ्वी का कूड़ा-कचरा समुद्र में डाला जा रहा है। नदियाँ भी अपना प्रदूषित जल समुद्र में मिलाकर उसे लगातार प्रदूषित कर रही हैं। जल प्रदूषण रोकने के उपाय - अत्यधिक रासायनिक उर्वरकों के प्रयोग को रोका जाना चाहिए तथा उसके स्थान पर गोबर की खाद का प्रयोग किया जाना चाहिए। रासायनिक साबुनों के बढ़ते प्रयोग को कम किया जाना चाहिए। उद्योगों के कचरे को नदियों में मिलाने से पूर्व उसमें उपस्थित कार्बनिक तथा अकार्बनिक पदार्थों को नष्ट कर देना चाहिए। रेडियो एक्टिव पदार्थ, अस्पतालों एवं रासायनिक प्रयोगशालाओं के कूड़े को जल में मिलाने के स्थान पर उसे जमीन में गाड़ना चाहिए।

जल संकट की ओर विश्व जनमत का ध्यान आकृष्ट करने हेतु प्रति वर्ष 22 मार्च को विश्व जल दिवस मनाया जाता है। हमारा और आपका दायित्व है कि हम प्रकृति के साथ तालमेल को बनाए रखें और यह तालमेल कैसे बैठाया जाए. आज हमारे चारों तरफ जो बीमारियां फैल रही है, ये कहीं ना कहीं हमारा प्रकृति से रुष्ट होने के कारण हुआ है. हम प्रकृति से जितना दूर होते जा रहे हैं. उतना ही हम बीमारियों के बीच घिरते जा रहे हैं| पेड़ पौधों को लगाने तक की जिम्मेदारी के बाद

आप समय-समय पर उन्हें खाद, पानी भी डालते रहना होगा. अब वृक्षों को अपना दोस्त बनाया है तो उनका ख्याल भी आपको रखना होगा, यही है आपका संकल्प. जिससे आपके चारों तरफ बहुत सारी ऑक्सीजन आगमन होगी एक पॉजिटिव कदम आगे बढ़ेगा. अपका मन भी खुश रहेगा और आपके आसपास का वातावरण भी शुद्ध होगा|

प्रेरक उद्धरण

"शिक्षा अचानक से प्राप्त नहीं की जा सकती इसे उत्साह और परिश्रम के द्वारा प्राप्त किया जाना चाहिए।"

अबीगैल एडम्स

22

खेल

भारत में मुख्यतः क्रिकेट पर बल दिया जाता है । जबकि भारत का राष्ट्रीय खेल हॉकी है । क्रिकेट इंग्लैण्ड का राष्ट्रीय खेल होने के बावजूद भारत में सर्वाधिक देखा व खेला जाता है । भारत में क्रिकेट एक जुनून है जहां गली-मौहल्लों, पार्क आदि में क्रिकेट खेलते बच्चों को देखा जा सकताभारत के खेलों के बारे में आठवीं कक्षा का फवाज़ कहते हैं कि आज हम भारत में खेलों का भविष्य आपकों बताने जा रहे हैं| भारत में खेलों की वर्तमान स्थिति तथा इसके भविष्य की संभावनाओं तथा सुधार की आवश्यकताओं पर हैं| भारत में खेल मंत्रालय है, विविध खेलों के संघ और संघठन हैं| फिर भी पिछले दशकों में खेलों की स्थिति चिंताजनक हो रही हैं| किसी समय हॉकी भारत का राष्ट्रीय खेल था|

अब खेलों में महिलाएं अपनी पहचान बना रही हैं| ओलम्पिक खेलों में, दिव्यांग खेल कूद में, मुक्केबाजी तथा कुश्ती तक में महिलाओं ने अपने कीर्तिमान स्थापित किये हैं|

आवश्यकता इस बात की हैं भारत अपनी खेल नीति की समीक्षा करे. स्कूल में खेलकूद की सुविधाएं उपलब्ध करवाई जाए. छात्रों को खेलों के लिए प्रोत्साहित किया जाए| विद्यालयों में खेल के मैदान अनिवार्य रूप से होने चाहिए|शहरों के फैलाव के साथ स्कूलों के खेल मैदान, पार्क,

तालाब आदि भवन निर्माण की भेंट चढ़ चुके हैं| जब शहरों में खेल के मैदान और पार्क ही नहीं रहेगे तो बच्चे खेलेगे कहाँ? इस सम्बन्ध में मौलिक परिवर्तन पर विचार किया जाना चाहिए |

संसार की सबसे बड़ी खेल प्रतियोगिता ओलंपिक पर दिया गया हैं. चार वर्षों के अंतराल से विश्व के अलग अलग कोनों में आयोजित होने वाली इस प्रतियोगिता के बारें में अभिजित सुजीव का कहतेओलंपिक अपने आप में कोई खेल नहीं है बल्कि ये बहुत से खेलों के एकीकृत आयोजन का नाम हैं. संसार के कई देशों से चयनित खिलाड़ी ही इसमें भाग लेते हैं जो विभिन्न खेलों में अपने देश का प्रतिनिधित्व करते है कि जिस देश के खिलाड़ियों द्वारा सभी खेलों में उत्कृष्ट प्रदर्शन कर सर्वाधिक पदक अर्जित किये जाते हैं, उन्हें ओलंपिक विजेता कहा जाता हैं| दुनिया की सबसे बड़ी खेल प्रतियोगिता ओलंपिक में सैकड़ों तरह के एथलीट भाग लेते हैं| शीतकालीन और ग्रीष्मकालीन ओलंपिक खेलों में 200 से अधिक देशों के प्रतिनिधि खिलाड़ी भाग लेते हैं प्रत्येक चार वर्ष में एक बार इस टूर्नामेंट का आयोजन होता हैं इसका आयोजन अन्तर्राष्ट्रीय ओलम्पिक समिति द्वारा किया जाता हैं|हरेक चार साल बाद ओलम्पिक खेलों के आयोजन की मेजबानी बदलती रहती हैं| 1896 से अब तक कुछ आयोजनों को छोड़ कर दुनिया के अनेकों देशों में ओलंपिक आयोजन सम्पन्न कराएं जा चुके हैं| स्थानों पर आयोजन के कारण इस प्रतियोगिता के प्रति लोगों का जुड़ाव भी बढ़ता जाता हैं| खेल के आयोजन की समस्त जिम्मेदारी ओलंपिक संघ की होती हैं| संघ में एक अध्यक्ष समेत दो उपाध्यक्ष एक मुख्य सम्पादक और सात अन्य सह सम्पादक इस संघ के सदस्य होते हैं| संसार में खेल प्रतियोगिता के रूप में ओलंपिक की उत्कृष्टता का सानी कोई नहीं हैं| ओलंपिक खेल में मेडल जीतना प्रत्येक खिलाड़ी का लक्ष्य होता हैं|

प्रेरक उद्धरण

"जो लोग सोचना जानते हैं उन्हें सिखाने वालों की ज़रूरत नहीं होती"

महात्मा गांधी

൭

23

भारतीय रेल

दसवीं कक्षा की **मालविका** भारतीय रेल के बारे में कहती है कि भारतीय रेलवे दुनिया का एक ऐसा नेटवर्क है, जिसमें करीब 15 लाख लोग काम करते हैं, जो दुनिया में सबसे ज्यादा रोजगार देता है। भारत में रेलवे माल और यात्रियों के लिए परिवहन का प्रमुख साधन प्रदान करता है। यह लोगों को दूर से दर्शनीय स्थलों की यात्रा, तीर्थयात्रा और शिक्षा प्रदान करता है।

भारत रेलवे पिछले 100 वर्षों के दौरान एक महान एकीकृत शक्ति है। इसने देश के आर्थिक जीवन को एकीकृत किया है और उद्योग और कृषि के विकास को गति देने में मदद की है।जब हमारे भारत देश में रेलगाड़ी का आवागमन चालू हुआ था तब शायद ही किसी को यह पता था कि 1 दिन हमारे भारतीय रेलवे दुनिया की सबसे बड़ी रेलवे व्यवस्था बन कर उभरेगी, जिसके कारण करोड़ों लोगों को भारत में रोजगार मिलेगा।

प्रेरक उद्धरण

"इस बात से फर्क नहीं पड़ता तुम कितनी ग़लती करते हो या कितनी धीरे बढ़ रहे हो, मगर तुम उन लोगों से बहुत आगे हो जो कोशिश ही नहीं करते।"

टोनी रॉबिंस

৶

(इस पुस्तक के लिए "मन की बात" में भाग लिए केरलपुरम जी॰एच॰एस॰, कोल्लम, केरल के छात्र-छात्राएं)

(इस पुस्तक के लिए "मन की बात" में भाग लिए केरलपुरम जी॰एच॰एस॰, कोल्लम, केरल के छात्र-छात्राएं)

(इस पुस्तक के लिए "मन की बात" में भाग लिए केरलपुरम जी॰एच॰एस॰, कोल्लम, केरल के छात्र-छात्राएं)

(इस पुस्तक के लिए "मन की बात" में भाग लिए केरलपुरम जी०एच०एस०, कोल्लम, केरल के छात्र-छात्राएं)

(इस पुस्तक के लिए "मन की बात" में भाग लिए केरलपुरम जी०एच०एस०, कोल्लम, केरल के छात्र-छात्राएं)